熊野紀行

聖地巡礼

Rising《ライジング》

内田樹×釈徹宗

東京書籍

聖地巡礼　ライジング

まえがき——釈徹宗

学生の頃、宗教学や仏教学の先輩たちがしきりと熊野について語り合っていた。ある先輩僧侶などは、「やっと念願の熊野へ行ってきたよ。いやあ、聞きしに勝るすごいところだった。オレは青岸渡寺が一番感激したけどな」などと熱く語る。みんな、とにかく「すごい」という。

南方熊楠《みなかたくまぐす》がブームとなった際に、熊野が注目されたこともあった。あのときも知人が「今、熊野へ行かねば」と駆り立てられていた。梅原猛も、五来重《しげる》も、司馬遼太郎も、みんな熊野を語る。その後は柄谷行人や町田宗鳳も。とにかく熊野らしい。

周囲が熊野に魅了されている中、かなりのヘソ曲りである私は行くことを避けていた。興味などないふりをしていたのである。大阪で暮らしているから、その気になればいつでも行けるのに。わざわざ行こうとしなくても、何かの機縁があれば足を運ぶことになるのさ、などと考えていた。そうしたら、五十歳を過ぎても行く機会がないままとなった……。

しかし、ついにその日はやってきたのだ。

熊野は消費されない

民俗学者の小嶋博巳によれば、巡礼には「ある特定の聖地に参って帰ってくるタイプ」と

「いくつもの聖地を順次経めぐるタイプ」とがある。小嶋はこれを「往復型の巡礼」と「回遊型の巡礼」と名づけている。前者にはメッカ巡礼やサンティアゴ巡礼などを挙げることができるだろう。後者の代表は四国遍路である。

日本語でもともと巡礼と呼んでいたのは「回遊型」に限られていたらしい。そして、中世まで日本最大の巡礼であった熊野詣はこの典型である。熊野へと到るまでには、九十九王子を参詣するプロセスがある。いくつも設定された小規模な聖地を順次訪れる。そして、最終目的地である熊野へと到着するのであるが、こちらも本宮・新宮・那智と複合的な性格を持った聖地なのだ。

熊野には中辺路・大辺路・小辺路と、いくつかの巡礼コースが設定されている。この「辺路」とは、本来、海岸部に沿って歩くことを指していたと思われる。そして、そこには古代からの海洋他界信仰があり、さらには補陀落渡海信仰が習合していった。

目指すは浄土（仏国土）である。浄土願生者にとっても、熊野はケタ外れの魅力を持った地であったのだ。我々の巡礼シリーズは、これまで最大規模の聖地に向き合うこととなった。名づけて『聖地巡礼　ライジング』である。

我々の聖地巡礼におけるテーマは「場と関係性」である。単に宗教性が高い場所へとおもむくだけではない。そこで展開されている儀礼行為や舞台装置などにも注目している。また、その場に関わってきた俗信や習慣、権力や政治的な要素も合算して、全体像に向き合おうとしている。だから構成要素を細かく分析するよりは、そこにある「場と関係性」に心身をチューニングすることを優先している。この姿勢は、限定されて把握されがちな「宗教」を無効化するために必要である。すでに文化人類学者のタラル・アサドが指摘しているように、我々が持っている宗教観は、近代のキリスト教的視点による私事化された宗教、内面的で精神状態としての信仰に限定された宗教、「宗教とは何か」などといった問いが成立する宗教、そんな特化された「宗教」(カッコつき)になってしまっているのである。

近代の知性によって彩られた宗教概念で熊野を読み解くことはできない。熊野の正体に、近づくこともできない。熊野の宗教性は、近代的自我が消費できるほどやわではない。とにかくでかい。しかもそのでかさがむき出しなのである。

加速する内田樹

熊野ですでに四度目となった聖地巡礼。内田先生の霊的直観にもとづく言説の暴走は、回を追うごとに拍車がかかる。特に熊野では遠慮も躊躇もなく存分に暴走しておられた。「熊野はバリだ」「和歌山とトルコの霊的結合」「本宮大社の社殿流出＝長州陰謀説」など、もうどう反応よいのか、ドギマギしてしまう。本書に収録できない部分もかなりあったと思う。

しかし、むしろ内田先生がおかしなことを言い出すのは、霊的直観がメリメリと活発化しているときなのである。そばで聞いていると、求心力の強い渦に巻き込まれそうになる。その気にさせられてしまう。内田先生との聖地巡礼は、のせられないように歩かねばならないのである。そのあたりの釈のためらいぶりをお楽しみいただければ、私の役割は果たせたことになる（なるのか？）。

本書は東京書籍・岡本知之さんによる涙なくしては語れない細やかな配慮と粘り強い駆け引きによって成立した。さらに東井尊さんと熊谷満さんを加えたチームに牽引されてゴールすることができた。あらためて御礼申し上げる次第である。

また、今回はナビゲーターの辻本雄一さん・森本祐司さんに多大なご尽力をいただいた。この場をお借りして深謝申し上げたい。

そして巡礼部の皆さんにもひと言。巡礼部の中にいつの間にか御朱印部が派生してしまい、時には「先に御朱印を押してもらわねば」と駆け出していく者が出る状況となっている。いかん、そんなことでは。我々はスタンプラリーをやっているのではないのだから。とはいえ、いい大人が聖地に身をゆだね、無邪気にはしゃいだり畏怖したりしている姿を見るのはなかなか楽しい。今後も続く聖地巡礼、よろしくおつき合いの程を――。

二〇一五年一月　釈徹宗

目次

chapter 3

おさらい

大阪
堺
三重県
奈良県
吉野
和歌山
高野山
大峯奥駈道
小辺路
尾鷲
和歌山県
滝尻王子
熊野
伊勢路
本宮
田辺
新宮
中辺路
那智勝浦
熊野灘
大辺路
潮岬
紀伊半島

熊野古道略図

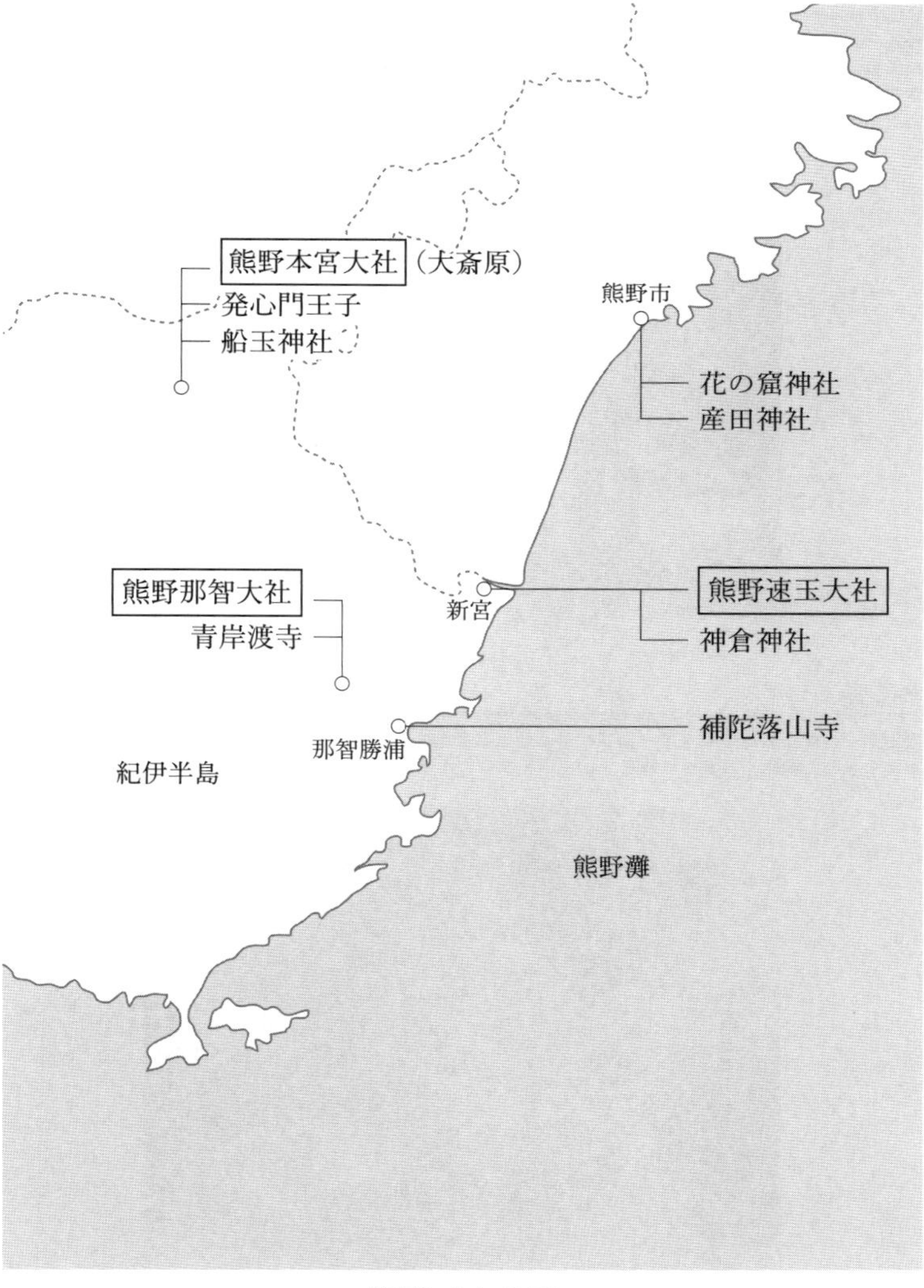
熊野本宮大社（大斎原）
発心門王子
船玉神社
熊野市
花の窟神社
産田神社
熊野那智大社
青岸渡寺
新宮
熊野速玉大社
神倉神社
那智勝浦
補陀落山寺
紀伊半島
熊野灘

熊野三山略図

取材ナビゲーター

中央の二人の著者を囲み、取材に同行いただいた佐藤春夫記念館館長の辻本雄一さん（写真左）と新宮市観光協会の森本祐司さん（写真右）。森本さんは新宮市出身の作家である故・中上健次が設立した「熊野大学」の事務局長を務めている。

巡礼部とは？

内田樹の合気道の道場兼自宅「凱風館」を拠点とする、かつての大学院の社会人聴講生が中心となって結成された団体。本書内で登場する「巡礼部」による発言は、同行した部員によるもの。

chapter 1

1日目

聖地の中枢へ
〜熊野古道をめぐる〜

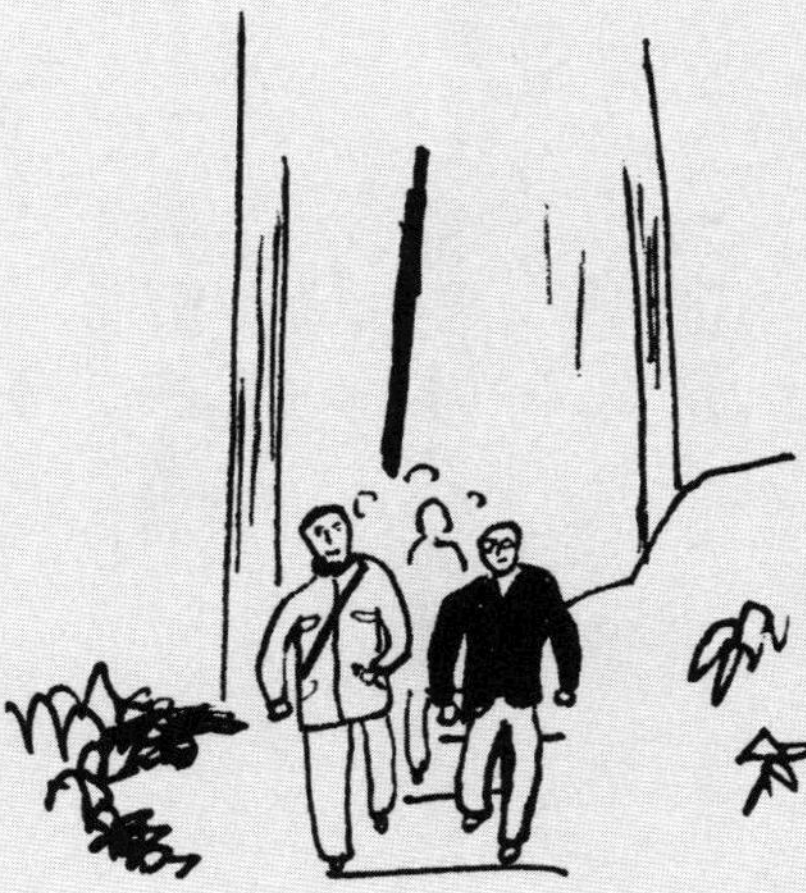

Map

滝尻王子 ← 発心門王子 ← 船玉神社 ← 熊野古道 ← 熊野本宮大社 ← 大斎原

熊野へ

魅せられる聖地、熊野（バスのなかで）

釈　みなさん、おはようございます。我々の聖地巡礼も第四回目となりました。今回はこれまでで最大の聖地といえる熊野へと向かいます。

　じつは私、熊野へ行くのは初めてなんです。もちろん宗教学者、文学者、思想家は熊野に魅せられる人が多くて、学生時代からずいぶんお話は聞いていましたが、これまでご縁がずっとありませんでした。しかも今回は熊野の歴史にお詳しい地元のナビゲーターの方が後ほど合流してくださるということで、非常に心強く思っております。

内田　それにしても、釈先生が「初熊野」とは意外ですね。

釈　ええ、宗教研究者の友人たちがみんな、熊野はすごいと、あまりにいうものですから、かえって行きそびれてしまって。ヘソ曲りですから。

　さて、到着するまで熊野という土地について簡単にご説明したいと思います。

宗教学的興味

釈　熊野はそもそも、どうしてこんなに求心力があるのか。今回はそこを見きわめてみたいところです。宗教学的に興味津々です。

ご存知のように熊野には熊野三山があります。今回行く予定の熊野那智大社と熊野本宮大社、そして今回は行けないですが、新宮の熊野速玉《はやたま》大社ですね。

じつは、それら熊野三山が祀っている神様、熊野三所権現《さんしょごんげん》はそれぞれ違います。那智大社は夫須美大神《ふすみのおおかみ》で、伊邪那美《いざなみ》に擬せられており、産霊《むすび》の意味で増殖豊穣の神ではないかといわれています。速玉大社の速玉大神《はやたまのおおかみ》は、伊邪那美の死骸に伊邪那岐《いざなぎ》が唾を吐きかけたときに化生した神とされるようです。本宮大社は素戔嗚《すさのお》といわれていますが、ほんとうは家津美御子大神《けつみみこのおおかみ》です。素戔嗚は後で神道が位置付けたようなもので、本来はおそらく熊野の土地神、熊野坐神《くまのにますのかみ》だったのでしょう。速玉と本宮で二所権現といわれた時期もあるらしく、那智は別系統じゃないかと私は考えております。

熊野はまた、仏が神の姿になって現れる本地垂迹説を早くから受け入れた神仏習合の地でもあります。那智大社の本地は千手観音（南方浄土）、速玉大社の本地は薬師如来（東方浄土）、本宮大社の本地は阿弥陀如来（西方浄土）で、まさに熊野は「浄土の地」といえるわけです。

さらにはご存知のように、熊野は修験道の聖地でもありますし、ほかに陰陽道、儒教、道教などたくさんのものが融合しています。そのあたりが熊野の本領発揮といいますか、あらゆるものを排除せずに同一化する力学に支えられた土地なのでしょう。

そしてなんといいましても、熊野のいちばんの特徴は「信不信を選ばず、浄不浄を嫌わず」というところにあります。不信心の者であっても受け入れる。男女の区別なく受け入れる。これぞ正に宗教が生み出すコミュニタス。つまり日常的・社会的な枠組みが外れる状態です。

かつて和泉式部が熊野参詣している途中で、「穢れ」とみなされる生理になってしまいました。「悲しい、もうこれ以上は行けない」と諦めていたところ、夢に熊野権現が出てきて「そんなものは気にしなくていい」と告げます。このようなダイナミズムこそ熊野の特徴です。また、この熊野の特性を引き継いだ系統のひとつに、一遍がいます。熊野と一遍上人は関わりが深い。今回の巡礼では一遍上人のお話などもさせていただこうと思います。

そんなわけでみなさん、今回の聖地巡礼のミッションは「なぜ人は熊野に惹かれるのか」です。巡礼部には私よりも宗教的感度の良い人が何人もおられます。ぜひともみなさん自身でその謎に向き合ってください。

浄土への出発口

内田 それにしても面白そうな土地ですね。

釈 そうなんです。蟻の熊野詣といわれるようになったのが平安末期です。これは浄土仏教が非常に盛んな時期で、日蓮の言葉によれば「日本国民の大部分が浄土仏教者」といった状況だったようです。それが浄土の地である熊野と重なる。本州の南端ですので、浄土への出発口という信仰もあったのでしょう。

熊野の地形も、この地の宗教性を生み出している大きな要因ですね。雨の多さは日本有数で、ほんとうに山深い。しかも熊野灘のすぐそばまで山々が迫っています。その深い山々と海が川で結ばれていて、海神と山神が両方共存するような独特の地形になっている。そして海には「海の森」とでもいうべき黒潮があります。神は森からやってきます。内陸部に深い森があって、目の前の海にも森がある。そんな地形が野性を活性化させる部分があるんじゃないでしょうか。

……と、行ったことがないのにペラペラしゃべっては信用をなくしそうですが（笑）。

内田 古代史で神武天皇が来るときのルートは熊野からでしたね。

釈 はい。初めは大坂の河内から入って失敗します。その後、今度は熊野から大和に入ります。

内田 そうでした。

釈 熊野に着くまでに、神武の兄がみんな死んじゃうんですよ。さらに『古事記』だと大熊が出てきてその毒気で気を失った、と記しています。『日本書紀』では神が毒気を吐いて病み出した、と書いてある。

あのあたりは丹生《にう》、つまり水銀が採れたようなんです。土地の人間がもともとそうした有毒物質を扱っていたという説があります。古代人はわりと有毒ガスを宗教のイニシエーションに使ったりします。もしかすると神武一行がやってきたとき、それを使ったのかも。結果的に神武は熊野の人たちと協力し（丹敷戸畔のように反抗し続けた勢力もあったようですが）、一緒に大和に攻め入って勝利します。

信仰を広めた熊野比丘尼

内田 熊野詣についていえば、後白河法皇*1が頻繁に訪れて英気を養ったというのが有名ですが、土佐坊正尊《ときのぼうしょうぞん》*2が義経を討ちにいくときにも熊野参詣をしています。熊野って、何か大事を果す前にエネルギーを充填するような土地なんですかね。

釈 大きな困難と向き合う前に行っておくべき地。

内田 そこに行くことで生命力が高まる、戦闘力が高まる。そういうことが実感としてあったんだと思うんですよね。熊野詣というのは、そういう力を身に帯びるためのきわめて実践的な行為だったんじゃないでしょうか。

釈　充電器のような土地の性質が熊野の秘密というわけですか。また、熊野の信仰がこんなに拡大した要因のひとつに、熊野のストーリーを語る人たちが輩出されてきたことも見逃せません。そもそも熊野信仰はかなり局地的なもので、明らかに土地固有のものでした。それを「ストーリー」として語る人たち、すなわち芸能民的宗教者が出てきた。その典型的な例が熊野比丘尼《びくに》です。

内田　どんな芸能ですか。

釈　熊野に籠ったあと、諸国を巡り歩いたり、特定の地域などで熊野の信仰を説いた女性僧侶たちです。熊野の信仰を広めるのに大きな役目を果たしました。熊野比丘尼はお説教をしたり、曼荼羅を使って絵解きをしたり、歌をうたったり、ササラなどの楽器を演奏したりしたんです。だから勧進比丘尼や絵解き比丘尼や歌比丘尼などとも呼ばれました。

内田　語りの芸ですね。

釈　本来、各地の土地神の信仰というものは、あまり語りの側面がありません。その地以外では宗教性が発揮されない。それに、語ろうにもロゴスを持たないし、教義もあるわけではない。その点は熊野も同じだったはずです。

　ところがそこに仏教が流入してくると、「語るべきストーリー」が成熟します。土俗の信仰や古神道に比べると、仏教は饒舌です。熊野は仏教と出会うことで高いストーリー性を手に入れ、熊野比丘尼のような半僧半俗の人々を輩出することで拡散していったのです。

日本の宗教性を考える場合、「場」の神道と「語り」の仏教との組み合わせという側面から見ると、なかなか面白いのではないでしょうか。

内田 やっぱり日本の宗教性は神仏習合ですね。

「土地の信仰」

釈 熊野は典型ですね。神仏習合の本拠地です。でも、熊野における神仏習合は、もともと神道があってそこに仏教がやってきて融合した、といった単純な図式ではない気がします。もっと古層が機能している。考えてみたら、神道だって外来部分は大きい。神道の神さまって、かなりの数が外来です。

内田 ポリネシアからも来てますね。

釈 熊野は、我々が考えている神道や仏教の体系以前、はるか古代から多くのものを飲み込んできた。それが「土地の信仰」に結実した。

内田 そうですよね。神道があるところに仏教がある日やってきて、その二つが混ざった……というような、単純な話であるはずがない。神道的宗教性と仏教的宗教性がかなり長期にわたって共生していて、そこからあっちを削り、こっちを尖がらせてみて……という感じでゆっくりと馴染んでいった。

釈　そう思います。

内田　そうじゃなかったら、列島全体にこれだけ同じような形のものができるわけがないです。

釈　一方、神仏の習合がすごく進むと、そのカウンターのように神仏分離ムーヴメントも繰り返されてきました。平安末期から鎌倉初期にかけては、仏教から神道的な要素を削ごう、という動きがありました。幕末から明治初期では逆に、神道から仏教的なものを排除しようとする廃仏毀釈があった。これを見落とすと、日本の霊性をとらえ損ねます。決してシンプルに神仏習合でやってきたわけではない。

文学不毛の六〇年間

内田　解説を頼まれたので、いま江藤淳の『近代以前』を読んでいるんです。そこには、江戸時代初期に活躍した儒者の藤原惺窩《ふじわらせいか》＊3や林羅山《はやしらざん》＊4なんかが出てくる。彼らは神道を信奉して、仏教を排除しようとしたらしいですね。

釈　林羅山は僧籍も有しており、お葬式も仏式でした。しかし、厳しく仏教を批判し続けた人です。

内田　藤原惺窩も相国寺の学僧でしたが、やっぱり辞めてしまう。江藤淳が問題にしているのは、彼らが「活動した時期」なんです。それは一六〇〇年から一六六〇年ぐらいまでの約六〇年間ですが、その時期が日本文学史上の「空白期」に当たるというんです。その時期には後世に残るような文学的な成果がまったく出ていない。

釈 その期間中、目ぼしい作品は何も生まれてないんですか？

内田 「ゼロ」なんですって。歌もつくられないし、小説も書かれない。文学的な生産性が極度に枯れてしまった時代だった。日本文学史上で、古代から現代までその一回だけなんですって。

釈 へぇー。それ一回だけとなると、とても気になります。

内田 その「文学不毛の六〇年間」はいったい何だったんだろうってことが江藤淳の研究テーマなんです。それは、まさに知識人たちがこぞって神仏習合を否定した時期と重なり合う。そして、その六〇年をきっかけにして、三〇〇年続く徳川幕府の政治体制がはじまる。それだけ大きなパラダイムチェンジだったということです。そういうふうに政体が根本から変革されるときというのは、必ずそれ以前の時代に支配的だった宗教の形を徹底的に攻撃するということが起きるんじゃないでしょうか。その派生的な影響として、一時的に文学的創造も枯渇してしまう。

釈 なるほど。文学だけじゃなく、歌も踊りもアートも枯れそうな気がしますね。

内田 ものが儒教ですからね。朱子学ミュージックとか朱子学演劇とか朱子学ノベルとかってちょっと厭でしょ（笑）。

釈　かなりうっとおしいものになりそうです（笑）。

ところで浄土真宗という宗派は神仏習合に対して独特の立ち位置を持っています。余談ですが、友人の僧侶・神職・牧師の三人がラジオ番組をやっています。番組名は『8時だョ！神さま仏さま』というのですが、当初は『8時だョ！神仏習合』にしようという話になっていたそうです。でも浄土真宗では「神仏習合」という言葉を取り扱うのが難しいので変更になったとのことで。

内田『8時だョ！神仏習合』でいいじゃないですか。素晴らしいネーミングですよ。ふつうの人は思いつきません（笑）。

巡礼部　何で神仏習合だとダメなんですか？

釈　浄土真宗は阿弥陀さまただひとつにおまかせしていく仏道なので、習合信仰（シンクレティズム）を避ける性質を持っているからです。神仏習合という概念を排除してきた宗派ですから。

いまはけっこう人気の番組でして、東神戸教会にいらした川上盾牧師にもゲストに来ていただいたことがあるし、ムスリムの方とか天理教の方にご登場いただいたこともあります。面白いですよ。ポッドキャストで聴けますのでぜひ。

補陀落渡海

釈　また、今回の熊野巡礼では補陀落渡海というお題も出ています。那智の浜から南方にある補陀落浄土を目指して、僧侶たちが浜辺から旅立ちました。平安時代から江戸時代に至るまで続けられました。乗る船には屋形が据えられていて、外から板で打ち付け渡海する人を閉じ込めてしまう。そんな修行はもともとの仏教にはありませんから。やはり南方地域の信仰じゃないかと思うんです。

内田　補陀落の語源って何でしたっけ。

釈　サンスクリットのポータラカです。観音菩薩の浄土ですね。仏や菩薩が開いた浄土がありまして、薬師如来だと瑠璃光《るりこう》浄土、阿弥陀仏だと極楽浄土、観音は補陀落浄土です。

仏教は、身体と精神とを分けて考えないところに大きな特徴があるんです。多くの宗教は、身体と精神（心や魂も含める）を分けてとらえます。

仏教では「心身一如」です。そして、これがさらに展開すると、私と環境も切り離すことはできない、といったところまで話が進みます。つまり、仏のいる場所は仏の内面が投影された外界であり、そこが浄土だと考えるようになった。

内田　補陀落浄土って、どんな特徴があるんですか。

釈　「ポータラカという高い山に観音菩薩がおられる（あるいは降り立つ）」といったイメージ

があるので、山岳地帯で篤く信仰される傾向があります。

チベットのポタラ宮もそうです。ダライ・ラマは「観音の化身」です。

内田 じゃあ、ポタラ宮は浄土だったんですか……。

釈 ポタラ宮が建っている山は、観音の浄土（ポータラカ）であるとされてきたそうです。

内田 なるほど。

釈 阿弥陀仏の浄土は西方ですけど、観音の浄土は南です。紀伊半島の補陀落渡海は、那智の浜から出発します。一週間分ほどの食糧を積んで、まったく外の光が入らないように閉じ込めてしまう。これはやっぱり、ポリネシアなどの南のほうの信仰だと思うんです。それが黒潮に沿って展開した。補陀落渡海の信仰があるところって、高知の足摺岬とか室戸岬とか黒潮文化圏ですから。

内田 たしかに仏教は海に出るとか、そういう話はないですよね。

釈 川で沐浴するのはありますが。海上の異界へとおもむくなんてのは数少ない事例でしょう。

熊野＝バリ説、誕生？

内田 船に乗って漕ぎ出すのは、西太平洋の遠洋航海する人たちの文化ですよね。

釈 そうなんですか。じゃあやはり、ポリネシアあたりから東北の三陸まで続くようなラインがあるのでしょう。

かつての日本人はこの補陀落渡海のストーリーに胸をうたれたようです。多くの人が涙したんですね。それははるか古代から続く海上ルートの異界の記憶から来ているのかもしれません。

ちなみに、最も早くから成立した巡礼の形に西国三十三所巡礼があります。それは熊野からはじまります。西国三十三所は、観音霊場巡りです。観音の三十三面になぞらえているんですね。だから熊野は観音信仰の拠点であるともいえます。観音信仰は『法華経』の中にある『観音経』が中心になるので、熊野を歩きながら『法華経』や『観音経』を読誦した人も多かったようです。『日本霊異記《にほんりょういき》』＊5という本がありますでしょ？

内田 はあ。

釈 その中にこんな話が載っています。熊野にいた永興《えいごう》禅師のもとに、ひとりの僧が訪ねてきます。この僧侶は常に『法華経』を読誦して暮らします。やがて一年が経過し、私は山にこもって修行するといって去った。それから二年、熊野の山中で姿は見えないのにお経をあげる声だけが聞こえるようになり、永興禅師が不思議に思って調べてみたら、その僧侶の屍があった。それから三年経っても、白骨化した遺体の舌だけが朽ちずに残っていて、『法華経』を読誦し続けた、なんて話があるんです。どのエピソードを読んでも熊野って、感覚的にも南方系の信仰のような気がするんですよね。

内田 宗教性の古層ですな。

釈 はい。そう考えると今回の巡礼は、我々の宗教性の皮膜がベリベリっとめくられて、古層がむき出しにされてしまうのかもしれません。

内田 何となく僕はいま、熊野＝バリ説に傾きつつありまして（笑）。バリって、どこでも動物の鳴き声がすごいんですよ。雨が降ると大地を揺るがすようなカエルの鳴き声が聞こえるし、雨が上がると鳥の鳴き声が空を覆う。なんというのかな、「生命が増殖している」という感じがするんです。「我々は増殖しているぞ」っていうメッセージが空気からバリバリ伝わってくる。僕はバリが好きなんで、何度も通うリピーターなんですけど、別に観光するわけじゃないし、ぜひ食べたいものとか買いたいものがあるわけじゃない。ただ、バリにいて、裸になって寝転がって、バリの大地から伝わってくる波動に身を委ねていると、それだけで細胞が賦活する感じがする。何か身体が「ゆるむ」んです。細胞と細胞の隙間からじゅるじゅると疲労物質が流れ出ていって、そこに入れ替わりに原生動物的な生命の力が流れ込んでくる感じがする。僕にとっての「バリ詣」は古代人における「熊野詣」に通じるものがあるんじゃないですか。

釈 熊野＝バリ説ですか（笑）。なるほどなぁ。そういえばインドネシアって全体がイスラム化されていますけど、バリ島だけがヒンドゥー教なんですよね。あのエリアの宗教性は古層がむき出しのままです。

内田 それもあると思いますけど、やっぱりイスラムって西アジアの乾燥地帯で生まれた完全な都市宗教でしょ。

釈 そうなんです、よくイスラムは砂漠の宗教みたいにいわれますが、実は都市宗教です。

内田『クルアーン』には都市商人の生活実感や常識がかなり反映していますよね。そういう点では宗教そのものが都市的な印象がする。でも、バリの宗教性はそういう都市的な感じがまったくしない。バリ島はだいたい農業もあんまりやっていないんです。たぶんもともとバリ島の人たちはその辺のバナナをもいで食べたりとか、野生の豚をつかまえたり、海に入って魚を捕まえたりというような、お気楽な生活をしていたような気がするんです。なんというか「地面に近い」、アーシーな感じがする。

釈 たしかにバリの人たちはみなさんトランスも上手です。

内田 ケチャをやる人たちって、昼間はふつうの堅気の仕事をしているんですよね、銀行員とか市役所員とか。それが夜のとばりが降りてくると、村の舞台に集まってきて、メイクして衣装付けて、ケチャやるでしょ。あれを見ていると、この人たちにとって「トランスする」のって、日常的な、ごくカジュアルな経験なんだなということがわかります。

マタギは地図を持たない

釈 バリも薬草文化がありますよね。熊野はどうなんでしょうかね。

昭和18年頃のマタギ（提供：鈴木英雄）。

内田　植生が多様だし、ありそうですね。基本的に山の奥だと稲作はできないし、もちろん漁業もできない。メインはやっぱり狩猟採取でしょうね。熊野っていうんだから、当然熊もいたでしょうし。

釈　山中の生活手段となれば狩猟なのでしょう。いまでもその名残はあるのでしょうか。

内田　前にマタギの方から聞いたんですが、熊は季節で行動パターンが定型化しているので、わりと捕まえやすいそうなんですよ。アイヌのイオマンテ[*6]のように熊の魂を送る儀礼があるのは、熊狩りが欠かすことのできない生活基盤だったからでしょうね。そうじゃなければ、儀式化したりしないですから。

釈　たしかに。

内田 マタギの人たちも熊送りの儀式をすごく大事にしてます。僕がお会いした秋田のマタギの方は、熊を殺した後は必ず伝承された呪文を唱えて天に感謝する儀式を執り行なうのだといってました。殺すときも心臓を一撃。不必要な苦痛を与えてはいけないんだそうです。

釈 長い間伝承されてきた技術なのでしょうね。

内田 そうみたいです。弾を撃つ角度まで決まってるんですって。心臓を一発で撃ち抜くためには、決まった高さから、決まった射角で撃たなきゃいけない。だから、V字谷の対岸に熊がいるときに撃つのがいいんだそうです。そうしないと一撃が致命傷にならなくて、手負いの熊が襲ってきたときに逃げ切れないからなんですって。だいたいマタギの人は地図というものを持っていないんです。

釈 そうなんですか。

内田 地図も持たず、磁石も持たずに、道のない山中を歩く。夜でも平気で歩く。「どうしてそんなことができるんですか?」とうかがったら、「山の稜線の形を全部覚えている」からだといっていました。

釈 稜線で把握とは、ずいぶん大雑把な印象を受けますが、それで大丈夫なのでしょうか。

内田 ええ。稜線を見ると、自分がいまどこの山のどこの尾根にいるのかわかるんだそうです。それにマタギだけが用いる「マタギ道」というのもあって、ポイントとなる場所にはちゃんと野営用の小屋がつくってある。小屋がないときでも、いかにも「ここで野営したら都合がいいな」というポイントはわかるんだそうです。そういう場所は近くに水場があって、そこには自生しているはずのない野菜が植えてあるそうです。傷口に塗る薬草や調味料として使える草が水場のそばに植えてあれば、それはマタギの野営地だということがわかる。

釈　そうなんですか。

内田　小屋に一泊したら、自分も必ずそれなりのものをきちんとした形で残していくそうです。たとえばマッチはビニール袋に入れて天井から吊るしておく。後から来た人が、雨に濡れて転がり込んできても、すぐ火が点けられるように。

釈　それはどのあたりのマタギでしょうか。

内田　秋田の白神山地の方です。もう三人しかいないっておっしゃってました。あと少しで、こういう「山の民」の文化が日本列島から消えてしまうんです。ああいう人の聞き書きを、もっときちんとアーカイブしておかないと間に合わないという気がしますね。

紀伊半島の身体能力

内田　そういえば、熊野へ行く途中の田辺は、合気道の始祖である植芝盛平先生の出身地なんです。身体能力が極めて高い人を輩出するのが、紀伊半島の特徴かもしれません。伊賀甲賀の里には忍者がいて、葛城や大峰には役小角《えんのおづの》*7がいて、田辺には弁慶がいて……。

釈　海と山に囲まれていますからね。人口比からいくとかなり高い確率かも。

内田 熊野の人って、なんだか運動能力が非常に高いという印象がありますね。修験道や忍術の拠点だからかな。峻険な山道を高速で踏破する能力というのが共通してあるような気がします。忍者はスパイが本業ですから、通信手段がない時代には道なき道を一気に長距離踏破できるという能力が求められていたはずです。そういう特殊技能を持つ職能民がいて、その技能を一族に伝えてきたんでしょうね。

前にヨガ指導者の成瀬雅春さんからうかがいましたが、チベットの行法のひとつで、ヒマラヤ一帯の岩だらけの土地を一日に何十キロも走ることができる「ルンゴム」という独特の走行法があるんですって。

釈 ほう、どんな走り方なんですか？

内田 身体の周りに大きな輪があって、その輪をクルクル回すような走り方だとうかがいましたけど。

釈 ええ？　ハムスターみたいに？

内田 そうかもしれない（笑）。とにかく、大きな輪がグルグル動いていくような感じなんだそうです。チベットって、岩がゴロゴロしている、ものすごい悪路でしょう。そんな悪路を気にすることなくスーッと流れるように走破するためには、なんかそういうクルクル回る輪の中を走るというイメージが必要みたいです。そうやって走っている人を遠くから見ると、宙を浮いているように見えるらしいですよ。

釈　ああ、それは完全に山人系の技法ですね。

内田　江戸時代の飛脚にも、独特の走行技法があったらしいですね。僕のお師匠の合気道の多田宏先生は、若い頃に高尾山に籠って三週間断食されたことがあるそうなんです。当然体重が減るわけですけれど、それだけじゃなくて身体がすごく透明になる。そのころ多田先生は毎日多摩川沿いを一五キロ走ることを日課にされていたんですけれど、朝起きて多摩川の堤を走っていると、身体が金色に光ってきて、足が地面を踏んでいないような気がして、まさに飛ぶように身体が動いたそうです。そのときの高揚感は忘れがたいというお話を何度もうかがいました。飛脚の走法とか、チベットの「ルンゴム」走法も、技術としてはそれに近いような感じがしますね。

釈　考えてみれば、飛脚というのはかなりの特殊技能ですね。

内田　たぶん太った飛脚っていなかったと思うんです。痩せていて、細いけど筋肉はしっかりついていて、雑穀とか煮魚とかしか食べなくて、走っているときは、ある種の瞑想状態に入っている。

釈　仏教の回峰行[*8]にも通じます。やっぱり行に入るまでの食事が大事なようです。食べる量をだんだん減らして、豆腐とか、ゴマとかそういう物ばかりを摂取します。また、たしかに山中で回峰行している人を見ると、ポン、ポン、ポン、と、すごいスピードでまさに「飛んでいる」感じです。岩や雪があってもまったくスピードが落ちません。

松尾芭蕉もすごいスピードで旅していたようです。『奥の細道』の中で俳句を詠んだ位置を確かめてみると、一日で大変な距離を歩いていることがわかるそうです。

内田 一日一五時間ぐらい歩くんですよね。安田登さんに聞きましたけど、芭蕉のルートって、ほとんど道なき道だったそうですよ。第一、芭蕉は伊賀の人じゃないですか！

釈 伊賀の「歩く技法」を身に付けていたに違いありません。

内田 遊行の芸の基本って、もしかしたら「歩く能力」かもしれませんね。

釈 熊野の信仰を遊行の人たちが支えた事実とつながる気がします。「歩行瞑想」のような技術の系譜かもしれない。

内田 歩行瞑想、それですよ。歩くことでトランス状態に入る。だから、その行為自体は少しも苦行じゃなくて、主観的にはすごく楽しいことだったんじゃないですか。熊野古道も、歩く技能を持った人たちにとって「トランスするには絶好の道」だったんじゃないですかね。

釈 それもどこでもよいというわけにはいかないでしょうね。トランス状態になりやすい絶妙の地形のようなものがある。

内田 きっとありますね。どういうんだろう。うう、知りたい。まあ、これから熊野古道を歩くわけですから、わかりますでしょう。

『道成寺』の教訓⁉

釈 そうそう内田先生、いま、バスで通っているこの高速道路の近くには、道成寺《どうじょうじ》*9があるそうです。安珍が熊野詣に行く途中で寄って清姫と出会ったというお寺です。

内田 あれも怖い話ですよね。『道成寺』っていうのは人気のある能なんですよ。話が劇的だし、舞台装置は派手だし、舞の拍子が珍しいし。

釈 安珍清姫伝説もかつてはとても愛されたストーリーですよね。あの話には、別バージョンがいっぱいありますから。能・浄瑠璃・歌舞伎などさまざまな芸能で語られています。

内田 教訓は何でしょう。やはり、若い女の子に冗談で「結婚しようか」なんていっちゃだめということなんでしょうか（笑）。

釈 そこですか、教訓は（笑）。

内田 能のほうは安珍じゃなくて、熊野詣をする修験道の人ですね。

釈 そちらのほうがむしろリアルですね。熊野へ行くんですからね。

内田 その山伏は熊野に行くたびに、真砂の荘司という人のうちに泊まるんです。そのうちに小さな女の子がいて、その山伏のことが大好きで、それを聞いた父親がふざけて「そうかそうか、大きくなったらお嫁さんにしてもらおうね」なんていったもので、女の子はその気になって、成長してから山伏が来たときに寝所を訪れて「いつまで放っておくの。はやくお嫁

道成寺。

『道成寺縁起』で、大蛇になった清姫が鐘に逃げ込んだ僧の安珍を焼き殺すシーン（提供：道成寺）。

にもらってよ」っておおまじめにいうので、山伏はびっくりして道成寺に逃げ込んで、恋に狂った女の子が蛇身となって鐘の中に隠れた山伏を焼き殺してしまう。

釈 そちらのほうが原形に近いのかもしれません。たしか、お能でも「鐘入り」があるんですよね。

内田 「鐘入り」が最大の見せ場なんです。拍子が独特で、小鼓とシテに特殊な「間」があって。鼓の音とシテの足遣いがぴたりと合うんですけど、もちろん何のサインもない。「来るかな来るかな」という濃密な「間」がすごいですよ。

釈 うーん、難しそう。

内田 だから「鐘入り」の前は、ものすごく緊張するんですよ。

釈 なんだかすごく観たくなってきました。

『小栗判官《おぐりほうがん》』

釈 以前、「お能は自分の意志で動きが止まっちゃいけない」ってお話をされてましたけれど、それはやっぱり憑依されているからですか?

内田 そうなんでしょうね。シテは自分の意志では止まってはいけない。橋懸りから鏡の間に戻って来たときに、後見に両手で止められるまでそのまま歩いて、止められたときにふっと何かが出て行って、素に戻る。

釈　面白いなあ。憑依型芸能なんだ。

内田『巻絹《まきぎぬ》』という能がありますが、これも巫女が神がかりして舞い狂う。

釈　女性の物狂いですか。

内田　そうです。最後に「神はあがらせ給ふと云い捨つる」で本性に帰って終わる。

釈　きちんと神さまにお帰りいただくまで舞台がつとめられるのですね。これからまさに『巻絹』の舞台でもある熊野へ足を踏み入れることになります。

そういえば、今日、我々が泊まる湯の峰温泉には小栗判官が入ったとされるつぼ湯がありますす。説経節には有名な「五説経」というものがあって、そのひとつが『小栗判官』です。

内田『信徳丸《しんとくまる》』もありますよね。

釈　はい。あと『山椒大夫《さんしょうだゆう》』『苅萱《かるかや》』『梵天国《ぼんてんこく》』ですね。この五つの仏教的説話を「五説経」と呼びます。

内田『小栗判官』ってどんな話でしたっけ？

釈　京都三条高倉に小栗判官正清という男がおりまして、あまりに奔放なふるまいをするので、常陸国に流されます。関東で横山一族の娘である照手《てるて》姫というお嬢さんが絶世の美女であることを知る。小栗は一族の了解を得ないで強引に婿入りします。怒った横山氏は小栗判官を毒殺します。照手姫も殺されそうになるのですが、うまく逃れます。流れ流れて、照手姫は美濃国の遊女の店に売られてしまう。姫は、「自分は小栗判官を愛しているので身は売らない」といって下働きで苦労して暮らす。一方、小栗判官のほうは地獄に行くんですが、閻魔に目をかけられてこの世に戻してもらいます。

内田 閻魔に目をかけられるんですか。

釈 その代わり、難病の状態になって戻されるんです。それで湯の峰温泉に入れば治るっていうので湯の峰温泉に行くわけです。そのとき小栗を車の上に乗せて、引っ張って行くのが時宗の人たち。これを引けば功徳があると皆が手伝ってくれて、結局、小栗判官は湯の峰温泉につかって元に戻り、最後は照手姫と再びめぐり会う。

内田 不思議な話ですね。

釈 そうなんです。あらすじだけ聞いても、これにどうして多くの人々が共感したのか、よくわからない。

内田 「オルフェウス[*10]」みたいな話なんでしょうかね。

釈 たくさんの要素があるので、いくつかの神話が混じっているような気はします。『信徳丸』は四天王寺が主たる舞台ですが、『小栗判官』はかなり広範囲に移動します。地獄にも行きます。オルフェウスも冥界に行きますね。

内田 五説経というのは、当時非常にポピュラーだったものなんですか。

釈 そうなんですよ。どれも悪行には悪い報いがあって、善行を積めばよい報いがあるという単純な因縁の倫理に支えられています。死と再生とロマンス、そして奇跡に彩られている。

内田 いちど病に沈んだ身体がまたよみがえる話は多いですね。『信徳丸』もそうですし、弱者というか、業病を患った社会の最底辺に生きる人たちと共に生きましょう、というひとつのメッセージでもあったんでしょう。

釈 弱者や難病の人を社会がどう支えるのかというテーマが伏流しています。また、「施す」ことが大切であるといった社会福祉倫理観を語っている部分もある。さらにいえば、難病や障害の人が持つ聖性も描かれています。

内田 施しの文化ですね。

素封家の人物観察眼

釈 イスラムやヒンドゥーなど、施しの文化が分厚いところって社会的格差が縮まらないような気がするんです。逆にいえば、施しの文化があるから、最底辺でも暮らしていける。

内田 キリスト教の場合だと、富裕なままでは天国に行けないからというので、富豪たちは死ぬ前になると教会に寄進をしますね。

釈 はい。そして大きな格差が生じた場合、富む側はどことなくやましさがある。なんとはなしに後ろめたい。かつての日本でも、地方の裕福な家が犬神筋とか狐憑き筋などといわれることもあったそうです。それはコミュニティ内のバランスを保つ装置となっていたと聞いたことがあります。やはり富める者の負い目なのでしょう。

内田『犬神家の一族』ですね。

釈　それにしても我々現代人の感覚からすれば不思議なシステムですね。

内田　祟られるというのは、一種の自己処罰なのかなっていう気がします。どこかでそうやって格差を補正しているんじゃないですか。

釈　なるほど。宗教的マゾヒズムの一形態のようなものでしょうか。

内田　だいたい富者というのは、一代目は努力して立志伝中の人物となり、二代目はまだ一代目の苦労を見ているけれど、三代目になると生まれてからずっと金がある状況でしょ。そうすると、社会的に成熟しない。どこか世間を舐めた感じになる。とくに自分の家がすでに持っているものを手に入れようとして、ほかの人たちが必死に努力している様子が馬鹿に見える。だから、どうしても人を見下すようになる。

釈　そうかもしれません。自我に下駄を履いちゃうんですね、下駄履き自我。

内田　ある意味で、三代目は辛辣な批評性を備えているともいえるんです。偉そうなことをいっている人にも「あなたは威張りたいだけなんでしょ」とか、わりとズバッと本質を突いたことがいえる。一所懸命に勉強している人にも「そんなに勉強していても、要するに地位や金がほしいだけでしょ」と突き刺すようなことをいう。他人の欲望に対して、毒の強い批評性を発揮する。

釈　昔の映画や小説に出てくる素封家のような人たちですよね。

内田 そうです。富裕な家系の三代目あたりになると、人物観察がシニカルになる。物ほしげに寄ってくる人間をあまりにたくさん見たせいでしょうね。人の卑しいところが目についてしょうがない。そして、「おまえ、要するに金がほしいだけなんだろう」というようなことをいう。そして、それに正直に「ほしいです」というと、「じゃあ、やるよ」ってポンとお金をくれたりする。自分の卑しさを認めるなら褒美をやろう、というようなことをするんです。何代か続いた金持ちの冷笑性というのかな。世の中にそんなにたいした人間は存在しないという虚無的な人間観に冒されてしまう。

釈 そういう家はやがて緩やかに破滅していく。「この人はどうしてこんなことに金を突っこむんだ」っていう方向へと突き進んでしまう。みすみす破滅だとわかっているようなことに足を踏み入れていく。

内田 頭がいいし、人間がよく見えてもいるんだけど、そのせいでこの世はろくでもない人間しかいないと諦め切っていて、世の中を改善する気がない。だから、そういう人のまわりにはろくでもない人間ばかりが集まるようになる。彼らにしたって、居心地がいいんです。三代目は人間の弱さや醜悪さに対してむしろ寛大だから。

五体王子と船玉神社

神域の入口、滝尻王子

釈　みなさん、我々の巡礼の最初の目的地である滝尻王子に到着しました。まず、今回の熊野巡礼をナビゲートしていただくお二人をご紹介します。辻本雄一さんと森本祐司さんです。

辻本　はじめまして、辻本雄一です。しっかりご案内ができるか心配ですが、どうぞよろしくお願いいします。

森本　森本です。私は新宮市観光協会に在籍していますが、本業は漢方薬屋です。ナビゲーターといわれるのはいささか肩の荷が重い感じもありますが、どうぞよろしくお願いいたします。

釈　こちらこそよろしくお願いいたします。では、さっそく参りましょう。いわゆる熊野の神域は、この滝尻王子からはじまるわけですよね？

辻本　はい、こちらの社の背後にある飯盛山というんですかね、そこから本宮までは山道が熊野まで続いています。ここで垢離《こり》をとって、歌会や神楽が開かれたようです。この辺までは入口ということで、口熊野《くちくまの》といわれることもあります。

釈　なるほど、口熊野って面白い呼び名ですね。でも巡礼部のみなさん、じつは熊野古道は大阪からはじまっているんです。起点は大阪の八軒家《はちけんや》、つまり、我々が最初の聖地巡礼で歩いた上町台地の突端です。あそこからずっと、熊野への参詣道なんです。

内田　そうなんですか。

釈　後鳥羽上皇たちのように京都からだと、船で八軒家まで行き、そこから陸上を歩くことになります。その間に熊野九十九《くじゅうく》王子と呼ばれる数多くの参拝ポイント（王子）があって、そこを参拝しながら熊野三山を目指します。つまり重要視されたのはプロセスなんですね。それは熊野詣が修行である証拠なんです。

ちなみに、王子は熊野権現の子どもという意味もあります。とくに近畿地方では、神は童子の姿で顕われるという信仰があります。これは海民系の信仰だと思われます。海民系は子どもを神聖視する傾向がありますから。

熊野古道の来歴

釈　それにしても滝尻王子というのは、ほんとうに切り立った崖と川の隙間にあるんですね。ここに足を踏み入れると、大地と岩や木との境目がないような印象です。

内田　かなり見事な石組みですね。

辻本　この滝尻王子は、さきほどおっしゃられた熊野九十九王子の中でも格式が高いとされた

滝尻王子から熊野の神域がはじまる。

五体王子の中のひとつです。後鳥羽上皇が歌の会などを催しています。同行の藤原定家なども和歌を奉じています。それらをしたためて残されているのが「熊野懐紙《くまのかいし》」[*11]といわれるものです。

釈　定家も立ち寄ったのですか。なるほど。まずはみんなで参拝しましょう。

内田　では、凱風館の宮司であり、我々巡礼部の部員でもある馬越和紀さんに、旅の無事を祈って祝詞をあげていただきましょう。馬越さん、お願いします。

巡礼部　では僭越ながら――「掛《か》けまくも畏《かしこ》き　伊邪那岐大神《いざなぎのおおかみ》　筑紫《つくし》の日向《ひむか》の橘《たちばな》の小戸《おど》の阿波岐原《あはぎはら》に御禊祓《みそぎはら》へ給《たま》ひし時《とき》に生《な》り坐《ま》せる祓戸《はらへど》の大神等《おおかみたち》　諸諸《もろもろ》の禍事《まがごと》　罪《つみ》　穢《けがれ》有《あ》らむをば祓《はら》へ給《たま》ひ清《きよ》め給《たま》へと白《もう》す事《こと》を　聞《き》こし食《め》せと恐み恐み《かしこみかしこみ》も白《もう》す」。

滝尻王子の前で祝詞をあげる。

内田 ありがとうございます。いやぁ、とうとう巡礼のスタートだね。

釈 先生、凱風館は人材が豊富ですね。宮司さんまでいるとは（笑）。

内田 そうなんです。神道でもキリスト教でも仏教でも何でも大丈夫ですから。

釈 いやいや、いいお声でしたよ。さて、説明書によると、ここから本宮大社まで四〇キロあるそうです。健脚な人で一泊二日。四〇キロといっても山道ですからね。一日二〇キロが精一杯でしょうね。おおっ、すごい。原生林っぽいですね。すごい巨木の榊があります。

内田 この木はすごいですね。岩を砕いて生えてきている。

釈 聖域の入口からこの調子ですか。これから先は大変なことになりそうです。

滝尻王子の裏にある大木と巨岩。

内田 それにしても熊野古道というのは、もともとは、何のための道なんでしょうね？

釈 たしかに単なる参拝道というだけではなさそうです。こんなにも深い山中に入って行く道というのは……狩猟の道だったんですかね。

内田 交通のためなら川沿いの道があるでしょう。だから生活のための道じゃない。わざわざここに道をつくった。生活の道として便利に使っていたら、世俗化して、いまに残ってなかったのかもしれません。

辻本 たしかに平安時代から中世にかけて、熊野参詣が盛んな頃はこの道はもっとはっきりあったんでしょうけれど、江戸時代などはすっかり廃れて、明治になるとほとんど忘れ去られてしまった時期もありました。最近のブームでかなり整備をして歩けるようにはなっていますけれど。ですから、世界遺産になるにあたって、わからなくなってしまった道を調査しながら認定していった場所もあるようです。

釈 何度かとぎれているんですね。

辻本 世界遺産といえば、今日行く大斎原《おおゆのはら》はもともと本宮の旧社地ですが、そこに鉄筋の日本一の大きさという大鳥居が建っています。最近つくられたものですが、あまりに現代的だということで世界遺産登録からは除外されています。道なんかはかなり古風なんですけどね。

また、今回ご案内する中辺路は、本宮からは川を下ることになります。熊野川が「川の参詣道」です。川に沿って新宮の速玉大社へと向かい、さらに海岸筋から明日行く那智大社へとつながるわけです。那智からは山越えで本宮にまた戻ってきます。そこには大雲取越《おおぐもとり》え、小雲取越《こぐもとり》えというかなりの難所があります。藤原定家は、日記の中で雨の中、難渋して再び来るのは嫌だ、みたいなことをいっています。

釈 歩きどころ、見どころが多そうですね。それではそろそろバスに戻りましょう。次の王子である発心門《ほっしんもん》王子へと向かいましょうか。

人はなぜ籠るのか(バスの中で)

内田 先ほどから話題に出ていますが、熊野には歴代の法皇や上皇もかなり来てますよね。

釈 熊野に行幸して、そこで籠っています。「熊野」の「熊」の語源はクムであり、これは籠るや隠れるなどといった意味となります。また、クムはカミの語源でもあります。つまり、熊野は原初から籠る場所であり神の坐ます場所だったのでしょう。また、死者の霊魂が「籠る」ということも内包しているかもしれません。さらに、隅《すみ》という語。大隅半島の隅です。

「くま」とも読みます。隈取りという言葉もありますね。辺境ということでしょう。たしか哲学者の梅原猛先生は、隅の語源はアイヌ語の「クル」じゃないかとおっしゃっていました。これは霊がいる場所といった意味になるそうです。

梅原先生は、もともと縄文系の人たちが住んでいたところに弥生系の人たちが来て、縄文系はアイヌと沖縄に追いやられたという説をとっておられます。ですので、熊野もそういう端っこ、隅に寄せられた人たちだととらえたのですね。だから、言葉もアイヌ語と共通しているというわけです。

いまは研究が進んで縄文系の人たちも農耕をしていたこと、弥生系にも大きな移動の波が何度もあったことや、縄文系と弥生系はかなり混血が進んで共存していたことがわかっています。ですので、簡単な図式ではとらえられませんが、語源が共通していても不思議じゃありません。あり得ることでしょう。

なお、紀伊半島の南部は牟婁《むろ》と呼ばれる地域です。牟婁は洞窟という意味なので、こちらも籠ることに関係あるかもしれません。宗教学では籠りのことをインキュベーションといいますが、「なぜ人は籠るか」は宗教研究における大きなテーマのひとつです。

古代人はイニシエーションを洞窟でやっていました。籠るのは神仏と会うためとか、瞑想するためとか、別人に生まれ変わるためとか、変性意識を顕在化させることを目的としていたようです。

内田　最初に熊野に行った法皇はどなたですか？

釈　最初は宇多法皇[12]で平安の中頃です。次が花山法皇[13]ですね。花山法皇は奇行で知られたんです。即位して二年足らずで、夜中に宮中を抜け出して出家してしまったそうです。若くして亡くなっています。

熊野詣は白河法皇から本格的にはじまっていきますが、何といっても有名なのは後白河法皇です。彼はじつに三四回も熊野に行っています。在院期間は三五年なので、ほぼ毎年ですね。自身が編纂した『梁塵《りょうじん》秘抄《ひしょう》』という今様の歌集が有名です。今様とは当世風といった意味で、それまでの催馬楽《さいばら》や古歌はご存知のように「五、七、五、七」の五七調ですが、今様は「七、五、七、五」の七五調です。当時としては、従来の型を破った斬新なスタイルだったのでしょう。それを使って天皇みずから歌集までつくってしまうわけです。

木造後白河法皇坐像（提供：長講堂）。

後鳥羽上皇の無常観

釈　後白河法皇は文学や芸能の才能豊かな人でしたが、宗教的な才覚も大いにあった人だと思います。この人の作である「遊びをせんとや生まれけむ　戯れせんとや生まれけむ」という有名な今様があります。この場合の遊びとか戯れには、宗教的な儀礼も含まれています。

内田　なるほど。

釈　そういえば、内田先生とご一緒した、蓮華王院の三十三間堂。あれは後白河法皇が創建したものです。浄瑠璃の『三十三間堂棟木由来』では、頭痛で悩んでいた後白河法皇の前世は蓮華坊というお坊さんだったという話になっています。熊野にそのどくろがあるのですが、どくろを貫いて柳の木が生えている。風が吹くたびにどくろが揺れて頭痛がする。それでその柳の木を切って、三十三間堂の棟木にしたら頭痛が治ったという話です。

後白河法皇と同じくらい有名なのが後鳥羽上皇です。後鳥羽上皇の熊野参詣は二八回です。二四年の在院でこの数字ですから、頻度としては後白河法皇より多い。後鳥羽上皇は『無常講式』という、なかなかの名文を書いています。これをうまく取り入れたのが、蓮如の「白骨章」と呼ばれている手紙の文章です。人生の無常、儚さについて書かれた部分がよく知られています。持ってきましたので少し読んでみましょうか。

「それ、人間の浮生《ふしょう》なる相をつらつら観《かん》ずるに、おほよそはかなきものはこの世の始中終《しちゅうじゅう》、まぼろしのごとくなる一期なり。さればいまだ万歳《まんざい》の人身《にんじん》を受けたりといふことをきかず、一生《いっしょう》過ぎやすし。いまにいたりてたれか百年の形体《ぎょうたい》をたもつべきや。われや先、人や先、今日ともしらず、明日ともしらず、おくれさきだつ人はもとのしづくすゑの露よりもしげしといへり」

いかがでしょうか。蓮如の「白骨章」は複数の先人の文章を踏まえて書かれています。

さて、歴代の法皇や上皇たちの熊野詣を見ていくと、どうも平安末期から鎌倉の初めにかけて大きなエポックメイキングがあり、それで熊野に行き出しているように思えます。逆にこの時期だけ盛んだったともいえます、熊野に行くのは。その後はみんなお伊勢参りになりますから。

なぜ、平安末期から鎌倉のはじめにかけてという時期に限って人は熊野に惹かれたのか。ひとつはこの後鳥羽上皇の感じた無常感が解く鍵になると思います。「ああ、世の中って何て儚いんだ」とか「儚いから大事にしないと駄目なんだな」とか、儚さを強烈に感じざるを得ない時代だったのかもしれません。

発心門王子

釈　みなさん、おつかれさまです。二番目の目的地である発心門王子に到着しました。ここも先ほどの滝尻王子同様、五体王子のひとつとして格別な尊敬を受けている場所です。一般的に五体王子とは、滝尻王子と発心門王子のほかに、藤代王子、切目王子、稲葉根王子を指します。この発心門王子は、かつては本宮の総門でもあったそうです。

発心門という言葉は聖域の入口を意味していて、つまりここが熊野本宮大社の霊域のはじ

発心門王子。

まりとなります。すごく厳かな雰囲気ですよね。そして、『熊野御幸記』[*14]には、藤原定家がここに泊まったと記されているそうですが……。

辻本 はい。あの奥門に歌が書かれています。

内田 「いりがたき　みのりのかどは　けふすぎぬ　いまよりむつの　みちにかへすな」。

釈 「ここからはじまります」ということですね。

内田 「六つの道」っていうのは六道ですか？

釈 六道でしょうね。「地獄・餓鬼・畜生・修羅・人間・天上」の六道。迷いの世界です。発心門という言葉は、山岳信仰における四門《しもん》修行に由来します。「発心・修行・等覚・妙覚」の四つ。発心とは道を歩

む と決めたときの最初の一歩で、そこから心身の修行がはじまります。山を巡るのも修行のひとつです。修行が進むとついには等覚に至ります。等覚は「覚りに等しい」と書いて、仏よりひとつ下の位置にあることを指します。妙覚は「妙なる覚り」で、この段階になると仏さまです。ちなみに修行の段階は全部で五二ありまして、五一段階目と五二段階目が等覚・妙覚になります。

内田 なるほど。

辻本 そういえば、そこに「結界石」があります。

釈 おお、これですね。

辻本 見ればわかりますが、彫られた文字が削られています。「穢れた者は入るな」と彫られてあって、それを意識的に削っているようです。

釈 ほんとうですね。上の部分を切ってしまってますね。これ、もともと「穢悪に生きる者は入らず」ですね。いちばん上の「不入」を切っています。

内田 「穢悪に生きる者」っていうのは?

釈 穢れに関わる仕事をしている人とか、そういう意味なのでしょうね。

辻本 古来、熊野という土地はどんな人たちも受け入れてきたはずですから、これは相応しくない。

釈 そうですよね。では、さっそく発心門王子にお参りをさせていただきましょう。

発心門王子にある結界石。

日本人は必ず〝行き過ぎる〟

釈　さてこれから、船玉神社という場所を目指して歩いていきます。

熊野の話題からちょっと離れるんですが、先生は最近、いまの新しい世代の感性に期待している話をよくされてますよね。

内田　はい。

釈　社会が「貨幣のやり取り」から「評価のやり取り」に変わってきているんじゃないかとおっしゃっている人もいます。たしかに若い世代は小さなコミュニティをつくったり、すでにある物をつかって楽しむことが上手だと感じます。ルームシェアなんていうのも、ちょっと我々とは感覚が違いますし。

宗教的感性も若い世代はすごくいいんで

す。きっとそれらはいまはじまりつつある「成熟社会」への過程なのかもしれない。競争で勝ち残るよりは、ある物をどうやって平等に分かち合うかという「フェア&シェア」の社会。若い世代はその流れに対応している気がします。

ただ、その反面、どんな世代でも何かしらのしんどさ、不具合さはあると思います。先生は若い世代にすごく期待をされていますが、逆に彼らに対して心配な部分ってないんでしょうか。

内田 そうですね、いまの動きは行き過ぎに対する補正なので、それも必ず行き過ぎます。

釈 行き過ぎの補正もやがて行き過ぎるのですね。

内田 分配のフェアネスって、徹底すると、最終的にはポル・ポトになっちゃうんです。持てる者から奪い取って弱者に分配するということを徹底すると、必ずどこかで行き過ぎてしまう。たとえ貧しくても「そこそこ幸せ」と思うことが許されない。貧しいことはたいへんな不幸であり、富める者は貧しい者の苦しみから受益している絶対的な悪だから滅ぼさなければならないという話になる。資源の分配を徹底的に公正に行なおうとすると、どこかで憎悪と破壊衝動が過剰になってくる。

釈 そうか。行き過ぎるとそこから暴力性が発生するのですね。上の世代に比べると、若い世代は不遇だと考える人も少なくありませんが、世代間の敵意が強くなる可能性はありませんか。

内田 いまのところ、世代間に敵意というほどのものはないと思うんですけど、格差拡大が進行していますから、資源分配のフェアネスを訴えることは必要なんです。格差が行き過ぎると、それに対するフェアな分配への要求も必ず行き過ぎになる。でも、フェアな分配を求める暴力性というのは、それを抑制するロジックが弱いんです。

釈 行き過ぎにブレーキをかける部分が未成熟なのですか。

内田 自分たちが怒っているのは、格差拡大を補正するためという大義名分がありますから。やっていることは正しいんです。でも、正しいことでも「正し過ぎる」と災厄をもたらす。正義が正義になり過ぎないように、いいあんばいのところで手控えるというのは「大人の知恵」ですけれど、こういうのは社会的に成熟しないと身に付かないし、不公平に怒っている人たちにそれを要求するのは、ほんとうに難しいんです。「君たちのいっていることは正しい。正しいけれど、ちょっと手控えてね」というわけのわからない言い分を通すためには、そういう人間にそこそこの「貫禄」がないとダメなんです。

釈 はい。わかります。

内田 だけど、正義が行き過ぎるのは、ある意味では自然過程なんです。日本人の民族性として、とことんまで行くしかないというのがありますよね。『忠臣蔵』や『昭和残侠伝』がそうですけれど。不正を芽のうちに摘んでおいて、なにごともないところで収めるというのが苦手で、それこそ「膿が出る」まで、患部の劣化を放置しておく。途中のほどほどのところで抑制して、微妙な補正を行なうというのが苦手なんです。それよりは、万人が「これはいくらなんでも非道である。許しがたい」と思ってくれるところまで悪を顕在化させておいて、最後に劇的に破壊して、自分も返り血を浴びる。

釈　少しずつ補正するのではなくて、がまんにがまんを重ねていて、あるとき一気に……。

内田　そうです。日本人はそれが好きだし、それしか解決方法を知らないみたいです。

釈　行き過ぎまで行かないと反対の力が働かない。

内田　それとどうも日本人はだんだん知的な負荷に耐えられなくなっている気がします。「話を簡単にしてほしい」「右か左か、どっちでもいいから、早く決めてくれ」という苛立ちを感じますね。TPP（環太平洋経済連携協定）だって、国民や国会議員のほとんどが反対だったのが、判断を覆すような新しい証拠も情報もないのに、一夜にして賛成に転じましたからね。賛成でも反対でも、どっちでもいいから、「結論を早くしてくれ」という気分が嵩じて、政策の中身を丁寧に検証することができなくなっている。

釈　知的作業に関するねばりがなくなってきた。

内田　Aが駄目という話になると、すぐ「じゃあ、B」となる。粗雑なんです。論理の整合性やデータの検討よりも、わかりやすい結論を好む。日本人全員が何かに「早く、早く」とせかされているように見えます。

釈　これは現代日本人の大きな課題となりそうなお話です。

船玉神社。

船玉神社

内田 あ、船玉神社ってここですね。隣には玉姫《たまひめ》稲荷があります。

辻本 「船玉」は、新しい船を建造したときなどに、施主が儀式をして、船底に祀る船の魂のことです。その儀式は丑三つ時などに行なうのだと聞いたことがあります。

釈 玉石をたくさん敷いていてきれいですね。玉石を敷くというのもひとつの宗教装置です。説明書きには、「太古の木を削り舟の元祖なり。世界各国いずれにも求めることの出来ない船の祖神なり」とあります。ちなみに、辻本さんによると、船玉神社が熊野本宮大社の奥宮だと位置付ける説もあるそうです。

ではさっそくお参りさせていただきまし

ょう。

内田 海の人たちの神社が山にあるというのは不思議といえば不思議ですね。

釈 川を上がってくるんですね。それだけでなく、「海を豊かにするためには、山を豊かにしなければいけない」ことをよく知っていたのでしょう。たとえば、牡蠣養殖の人たちが山に植林することもあるそうです。それは山を豊かにしないと海の養分も少なくなって牡蠣が育たないからです。だから植林していく。ずいぶん迂遠な感じがするんですけど、海で生きる人々の知恵なんでしょうね。また、船をつくるのに山の木が必要ですから、船の神を祀るのでは。

森本 『記紀』に熊野諸手船《くまのもろたぶね》[*15]というのがでてきます。それが熊野水軍のルーツじゃないかともいわれています。『万葉集』にも「真熊野の船」として登場するので、こちらも当時の熊野の造船技術の高さを表していると思います。フィリピンでも、そうした船を使って川を走りますが、難所に来たときはパッとみんなが下りて船を押す。熊野の諸手船もそうだったようです。

内田 胸まで水に浸かりながら船を押すというのは特殊技能ですね。

森本 それで、諸手船が登場するお祭りが新宮の秋祭りである御船祭なんですね。その祭りは、対岸である三重県の鵜殿《うどの》の人たちが参加しないとできません。彼らはおそらくその海人の末裔ではないかと僕は勝手に思っていますけど。

釈　その可能性はありそうですね。

森本　御船祭のご神体も、やっぱりちゃんと船に乗せて祈願して、またお戻しします。

釈　どういうご神体を乗せるんですか？

森本　僕らには見えません。神官以外の人たちには見せないようにして隠していますから。ご神体を見てはいけない。

内田　何も入ってないってことはないですか？

森本　いや。神輿を担いだことがあるんですけど、ゴロゴロいっていますから何か入っています。

内田　お神輿の場合は皆で担いで祝詞をあげて御魂入れをするとズンと重くなるっていいますよね。

釈　ご神体を入れるのは深夜ですか？

辻本　祭りの当日はまず、新宮市街を練り歩くお神輿に入れられるので、ご神体が河原で船に移されるのは夕暮れ近くです。それから熊野川を遡《さかのぼ》って神さまが移動します。でも、日本では元来そうですよね。お祭りだけでなく、結婚式でも、お葬式なんかも夜が本来は主でしたから。

内田　夜は神との交流の時間なんでしょうね。前に比叡山の根本中堂で『翁』を観たことがあります。夜の七時ぐらいからはじまったので、途中からお堂の中は真っ暗なんですよ。ろうそくの灯りでやったんですけれど、『翁』はともかくね、『三番叟《さんばそう》』がすごく怖かった。

釈 怖かったとは？

内田 野村万作さんがやったんですが、何ていったらいいんだろうな。とにかく同じメロディーが延々と繰り返されるので、観客全員がしだいにトランス状態になって。気持ちよくて、気持ちよくて。この時間が永遠に続いてほしいという陶酔感がありましたね。

釈 すごいですね。

内田 やっぱり場所と時間の問題が大きいですね。ここも明らかに何の灯りもないから、夜は真っ暗ですよね。

釈 ここも夜は相当怖いでしょうね。

山立て

内田 海民の神社というと、大阪の住吉大社もそうですよね。

釈 そうです。そして、住吉には明確に星の信仰が見られます。熊野はどうなんでしょうか。熊野には星の信仰のようなものはありますか？

森本 あまり詳しくはないですが、さっき通りがかった場所に三体月《さんたいづき》という、月が三つに見えるという伝説が残る場所があります。いまでも旧暦の一一月二三日に三体月観月会を開いています。

釈　月が三つに見えるというのは何を表しているのでしょう。

森本　わかりません。でも、かつて修験者がそこで三体の月を見て法力を得たという伝説があって、そこから来ているようです。おそらく立ち上る蒸気の影響なんかで見えたんじゃないかなと思いますが。三体月は本宮の神の起源との説もあります。

内田　川の上に見えるんですか？

森本　いや、まったく山の中ですね。

釈　何かのメタファーだと思うけど。何だろう。

森本　天体ではないですけど、たとえば明日行く花の窟《いわや》神社、神倉山、那智の滝の関係でいうと、どれも山立てのランドマークなんですよね。沖合から見たら、その三カ所はきれいに見えます。すると山立てによって海民は自分の位置を知ることができたわけです。

内田　なるほど、なるほど。

森本　とくに花の窟神社と神倉山は対みたいなものですし、那智の滝もはっきり見えます。

釈　海から来たら、もう絶対に目に付くでしょうね。「ここだ」っていう感じで。

森本　当然ながら神々しいわけです。

釈　「あそこに神がいる」っていうようなものでしょうね。そういう意味では熊野独特の地形から生じた信仰形態なのですね。

内田　たしかにね、ここまで海と山が接近しているわけですから。ただ山が迫っていて、すぐ海っていうのは、ほんとうは阪神間もそうなんですよね。

釈 神戸にしても大阪にしても、山と海のわずかの平野で暮らしていますものね。

内田 そこに歌枕が多い。

釈 歌で詠まれる地。

内田 高砂、明石、須磨、芦屋、みんな能に出てきますね。

釈 やっぱり古代人はうたいますね。海民も山人もうたうなぁ。熊野に妙見信仰ってありませんか？　妙見宮とか、妙見を祀っているところとか。

辻本 星辰は聞いたことはありますが、あまり盛んじゃないようです。京都のほうにわりと妙見さんが多かったと思うんですけども、熊野にはあんまりないと思います。

釈 そうですか。

辻本 妙見信仰の発祥というのは、もともとどんなものなんですか。

釈 妙見は北極星への信仰で、発祥は中東あたりのようです。日本では、仏教・道教・神道などが混淆しています。特に北極星を目印にしていた山の民、海の民の信仰が篤い。また、日蓮が妙見信仰の信者だったので日蓮宗とともに広がりました。

森本 ちなみに、これだけ古くから「熊野、熊野」っていわれているのに、熊野って古墳が見つかっていないんです。那智勝浦町にひとつあるだけです。鳥葬か水葬だったそうなんですね、ずっと最近まで。上流の十津川村には水葬の記録が残っているらしいんです。本宮の大《おお》斎原《ゆのはら》も水葬の地ではという説もありますし。たしか、百人一首にもお墓の歌ってないですよね。

内田 たしかにお墓の歌ってないですね。死者を弔う歌はたくさんありますけど。

森本 お金のある貴族は、お墓をつくるのではなくて、船に乗せて亡骸を送ったそうです。いまでも皇室では納棺にあたる儀式のことを「御舟入り」といっています。古墳からは舟形がよく出ますが、あれは棺で、埋葬の道具じゃないかともいわれてますよね。

内田 そうですね。あの世へは天の鳥船[*16]で行くわけですからね。

釈 なるほど。いろいろ興味深いですね。そろそろ次の伏拝《ふしおがみ》王子へと向かいましょうか。

熊野古道を歩く

熊野古道を歩きはじめる

釈 皆さん、おつかれさまです。船玉神社から発心門王子へと歩いて戻り、少しバスに乗っ

伏拝王子付近でナビゲーターの辻本さんからお話をうかがう。

て下ってきました。ここからもう少し歩くと伏拝王子に到着します。そこからいまの本宮大社に向かって、熊野古道を下っていきます。

　伏拝王子は本宮大社の旧社地が遠望できる場所だそうで、参詣の人たちは古道を歩き続けて、やっと見えた本宮大社をまさに「伏し拝んだ」そうです。最初にご説明した和泉式部の伝説で有名です。「熊野の神は女性をも受け入れた」とされる由来になった伝説ですね。

辻本　はい。でも、和泉式部伝説は全国どこにでもあって、実際、和泉式部がほんとうに来たかどうかはわかりませんが、いずれにしても、そのような逸話が残っています。

　王子から見える本宮大社の旧社地は、大斎原です。いまは神社の建物はありませんが、地形的にはこの伏拝王子は旧社地が見はるかせる場所にあるわけです。

釈 もともとの本宮大社は川の中州にあった。それが、明治の大洪水で流されて、本宮はいまの場所へと移築されたわけですよね。

辻本 そうです。明治二二年の大洪水ですね。いまの大斎原はいわゆる社殿の跡です。上流の奈良県十津川村も大打撃を受けて、北海道に集団移転して新十津川村をつくってゆく。

釈 『おおゆのはら』って「大きい」に「斎」の「原」と書くんですけど、この字は神をお迎えする場所を表していますよね。「斎庭《ゆにわ》」といったりしますよね。それでは皆さん、まずは伏拝王子を目指して参りましょう。

森本 そういえば民俗学者の五来重さんの説では、九十九王子の「王子」とは、沖縄のことばで「オウ・チ・キュ」が訛ったのではないかと。ポリネシア語みたいですね。

釈 ほお、ポリネシアですか。

森本 「キュ」は敬称で、「オウ・チ」は「神」という意味らしいんですけどね。それが「王子」になったんじゃないかと。

内田 ありそうですね。でも、さっきから、ずっとポリネシアの話ばかり(笑)。

釈 熊野＝バリ説ですね(笑)。

森本 このあたりは牟婁《むろ》郡でその地域を熊野と呼ぶんですが、ある作家の説によると牟婁も

「フィリピンのモロ族から来ているのでは」と。

釈 ますます内田先生の熊野＝バリ説が裏付けられていく（笑）。

内田 うん、うん、確信が深まっていく。熊野はバリなんですよ。

森本 やっぱりここは黒潮文化圏なんですよ。

釈 はい、そうですね。

森本 ニライカナイ[*17]ですね。常世っていうのは基本的にそうですから。

釈 なるほど、海の異界ですね。ポリネシアあたりから日本の北部まで続く文化の帯。面白くなってきました。

森本 新宮市に三輪崎って漁村があるんです。そこは、ちょっと前まで人が亡くなったとき、通夜のお客さんが帰った後に親族だけで海岸へ行って死者の衣類を洗うんです。全員がひと言もしゃべらず洗って、今度は櫛をリレーするらしい。

釈 櫛ですか？

森本 はい。髪をすく櫛です。伊邪那岐は伊邪那美に櫛を投げつけるじゃないですか。おそらくそこから来ているんじゃないかといわれています。櫛を捨てるということは、要するに穢れを払うといった意味合いなんでしょう。

釈 髪は生命のメタファーですからね。そこに付けている櫛を投げて、結界を張る。つまり境界線をつくる行為と連関している気がします。

森本 ただ、その風習はだいぶ昔になくなったようです。

釈 もう残っていないんですか？　そうかぁ、残念ですねぇ。

森本 さっき船玉神社で水葬の話をしましたけど、いまから行く中州の旧社地も、じつは死体が溜まる場所だったのではないかといわれているんです。

内田 以前の大阪の聖地巡礼でも、「渡辺」という姓が川に流された穢れを扱う一族だったという話がありましたよね。

釈 はい、天満のあたりに住んでいた一族です。平安時代、洛中の穢れを鴨川に流しました。それが淀川を流れてくるんですが、ちょうど川が曲がって漂着しやすい場所が大阪天満宮のあたりだったといわれています。

内田 蛇行している場所だったんですね。

釈 そこがいろんな物のふきだまりになる。遺体も漂着したことでしょう。流された穢れを扱う役割を果たした集団がいて、その人たちはそこに集まった物品などを回収する権益を持っていた。

内田 そうでした、そうでした。いや、それにしてもこの道はいい。さっきからじつによいですね。

釈 気持ちのよい道ですねえ。

内田 生活空間の中を歩いているという。雰囲気がすごくいいですね。どの家々もきれいにし

伏拝王子から大斎原を遠望する。

ていますね。

釈　やはりこの景色には木造の家が似合いますね。あのお宅には井戸もある。
　さて、この石段を上がって行くんですね。

辻本　はい、その上になります。

伏拝王子

辻本　さて、伏拝王子に到着しました。あちらに和泉式部の供養塔もあります。あちらの山の向こうをご覧ください。山間に見える森のような場所が大斎原、本宮の旧社地です。あそこは中州になっていて、もともとの社殿は明治の洪水で流されてしまい、いまはその跡しかありません。

内田　おー、これは見事なもんですね。

釈　うん、見える見える。あれが、世界遺産に認定されていない、後で取りつけた巨大な鳥居ですか。

辻本 そうです。ちなみに、大きさは日本一で、三輪山の大神《おおみわ》神社を抜いたそうです。

釈 あの大神神社の鳥居より大きいんだ。すごいですね、それは。

辻本 ここからあそこまで熊野古道を歩きます。

内田 けっこうありますよね。

辻本 小一時間くらいですかね。

釈 なるほど。ちょっと休憩してから歩きましょうか。

「全身に熊野を感じております」(熊野古道を歩きながら)

内田 それにしても、僕らのこの「聖地を歩く旅」って、おそらく巡礼の原形ですよね。だって遠足気分でしょ?

釈 たしかに「大人の遠足」ですよね。

巡礼部 巡礼の映画っていっぱいありますよね。旅するうちに人間性がチョロチョロ出てくるような。

釈 そうそう。基本的にロード・ムービーって面白いんですよね。まして巡礼がテーマになるとなおさらです。

内田 フランスやスペインでは、サンティアゴ・デ・コンポステーラに行く映画はけっこう撮られているんです。

釈　『サン・ジャックへの道』[*18]って映画もそうでしたね。すごく仲の悪い兄弟の母親が「みんなでサンティアゴ・デ・コンポステーラに行け」と遺言を残した。行かない人は遺産がもらえないから、嫌いだけど、しょうがないからフランスからスペインまで一緒に行く、って話なんですけど。熊野古道の世界遺産への認定も、サンティアゴまで行く道が参考にされたそうですよ。

内田　ルイス・ブニュエルの『銀河』[*19]のタイトルの「銀河」って、サンティアゴ・デ・コンポステーラに行く道のことなんです。やっぱりこの聖地巡礼の旅も最後はサンティアゴに行かないと終わらないですね。

おお、このあたりはいかにも熊野古道っぽくなってきました。いやー、よいですなぁ。

釈　やはり三輪山とはずいぶん違いますね。三輪山はあきらかに「神様の領域に入ってお参りさせていただく」みたいな感じでしたから。

内田　そうですね。三輪山は「おじゃまさせていただく」感じでした。でも、ここはそうではなくて、我々の存在もうまい具合になじんでいますね。いま、全身に熊野を感じております。

釈　おお、明言されましたね。

内田　ええ。感じてます。熊野、来てます。バイタルなエネルギーがガンガン来てます。でも、空気が柔らかいですよね。もっと厳しいのかなという印象を持っていましたが。

釈　ふうむ。とげとげしくて人を寄せつけない感じではないですよね。

内田　懐が深いんでしょうね。自然と神聖がほぼ同一化している。

釈　熊野古道が整備されたのは院政時代なのでしょうか？　相当な財力が必要だったんでしょうね、これだけの規模の道をつくるのは。

森本　整備したのはおそらく南北朝から室町にかけての熊野詣のときじゃないでしょうか。それから後はしばらく荒れていたと思います。

釈　いまの熊野ブームは戦後からですよね。戦後といっても、もうほんとに最近。高度成長期に熊野を参拝する人はあまりいなかったですから。

森本　ちょうどバブルの頃、一九八八年に熊野で日本文化デザイン会議が開かれました。そこへ中沢新一さんが来て南方熊楠の話をしたあたりから注目されるようになってきましたね。

内田　そうか、中沢さんか。あの人、なんだか現代の行基[*20]みたいな人だな。どっかに行って、トントンと杖でたたいて、「ん、ここに何かある。アースダイブせよ」とかいうと、人々が「おおっ」ってどよめくという（笑）。でも、バブルと熊野参詣の相関性というのも面白い。

森本　バブル狂乱の中で、「これでほんとうにエエんか？」って考えた人たちがここに集いはじめたんだと思います。

内田　ここに「逃れ」を求めていたわけですな。

釈　世界遺産になったのは平成一六年でしたよね。だからまだ一〇年くらいでしょうけど、認定以前と変わったことがありましたか？

森本 やっぱり知名度が違います。「熊野」といってすぐわかってくれる人が増えた。それまでにも中上健次さんとか梅原猛さんがけっこういってきたんですけどね。

内田 中上健次だと来る人を選択し過ぎるんじゃないですかね。もしいまも生きていらして、僕らなんかがうっかり歩いていたら、「お前ら来なくていいよ」っていわれそう（笑）。

森本 いやいや、そんなことはないと思います（笑）。たしかに中上さんはそういうイメージがあるんですけど、基本は「何人も来る者は拒まず」ですから。そして「去る者は追わず」。シャイな人でしたね。

内田 そうかもしれないですね。

森本 そうですね。でもある種、二重人格的というか、気配りの人でしたよ。

内田 なるほど、中上健次は熊野の中興の祖なんだな。新宮出身でしたよね？

森本 はい。僕の高校の十年先輩です。

遠く険しい熊野への道のり

内田 それにしても、昔の上皇や法皇もこの道を歩いたわけですね。あれだけ何回も来ているんですから、当然輿《みこし》でしょうけれど。

釈 とにかく後白河法皇などは三〇回以上も来てますからね。ただ、実際に籠ってはいたようですよ。

内田 それは本宮で？

釈 はい。王子でも輿から降りて、籠りの儀式などをやっていたようです。

内田 九十九王子のぜんぶで降りるんですか？

釈 いや、五体王子など格式の高いところだけ。でも、「熊野への道のりが苦しかった」と歌に詠んだ歴代の上皇もいますよね。

内田 輿に乗っていたってグラグラ揺れるし、辛いですよね。

釈 そうですね。京からはどんな行き方をしても遠い、なんて歌も残ってますね。ただ、だからこそ行きたいという気持ちもあったんでしょう。ある種の苦行を味わうといったような。

内田 なるほど。千日回峰行みたいな思いがあったのかもしれません。それにしても、なんで熊野にそんなに惹かれたんでしょう。いまでもかなり来づらい場所だし、昔はもっとそうだったわけですよね？

釈 そうなんですよ。やっぱり当時としては相当厳しい参詣だったはずです。後白河院法皇についいて行かされた藤原定家なんかもう泣いて泣いて、「どうしてこんな酷い目に遭わされなきゃいけないんだ」と書き残しています。それでも後白河法皇は三四回も行っている。

さっきもお話しましたが、そもそも熊野って神道にも仏教にも修験道にも、どこの系譜にもうまく当てはまらないほんとうにプリミティブな聖地です。各宗教の体系に無理やり当てはめて理屈はつけているものの、ほんとうはうまく割りきれません。

内田 でも神道ではあるんですよね？

釈 いまのカテゴリでいえばそうなるのですが、神道の体系すらも後で当てはめたような部分が多い。やっぱり熊野の神の本質は整備された神道とは少し違うように思います。だから熊野詣というのは、熊野に行って野性の霊気をあびる目的があったに違いありません。

なにせ熊野の山中では、江戸時代の中頃まで古代とあまり変わらない生活をしていたようですから。紀伊藩士が江戸中期に熊野を訪れて、そこで熊野の人たちが木の実をすり潰して食べたり、獣の毛皮を着たり、古代さながらの生活をしているのを見て、すごくびっくりしたと書き記しています。なぜそうした古代の生活様式が長く残ったのかも興味深い点ではあります。

内田 司馬遼太郎の『街道をゆく』に熊野路篇があるんですけど、その中で面白かったのは、熊野の奥のほうの古座川流域の人が新宮に出ると、そこはまさに大都会で、「ここはニューヨークか」みたいな感じがしたという。新宮が大都会に見えるほど、熊野の奥は古代と地続きの生活様式が大正年間まで残っていたそうです。

釈 大正年間まで……。それほどこの地の野性が強いということですね。都市の人々は、はるかいにしえから続くどの系統にも当てはまらない宗教性に自分の心身をチューニングするため、ここに足を運んでいた。熊野詣が盛んだった時期は、そういうものを必要とした人々

熊野古道。

がいたということなのでしょう。

「我々の原点は何か？」

内田 後白河法皇のように何十回も行くということは、当然それなりのご利益というか、霊験あらたかだったわけですよね。聖地に足を踏み入れると、何かが発動して、「お、来た、来た」という感じが実際にしたんでしょう。

釈 はい。後白河法皇というのは厳しい難局を次々と乗り切って日本をデザインしたような人なので。やっぱり熊野に行って、戻ってきて、その一年を熊野の霊気の後押しで乗り切っていく実感はあったかもしれません。また、浄土教の影響が大きく、来世信仰もすごく強い時期でしたから、異界への親和性も高かった。

内田 補陀落ですからね。

釈 ここに来て、具体的な来世のビジョンを体験していたのかもしれませんよ。後白河法皇と後鳥羽上皇は何度も籠っています。熊野にわざわざ行くっていうことは、ほかにはないものがあったに違いない。

内田 そうでしょうね。

釈 考えてみれば、どこの文化圏でもときどき「我々の原点は何か？」という宗教的ムーブメントが起こります。外来のものを排除して本来の形を求めようとする動きです。後白河法

熊野古道を歩く。

皇や後鳥羽上皇が熊野に求めたのも、そんな面があったのでしょう。京の都にいて、仏教の強いロゴスティックな空間に常に囲まれているなか、「我々の原形はどこだ」「熊野にあるらしい」――そんな欲求につき動かされての行動だったのかも。

内田 本居宣長の「もののあはれ」と大和心って同じなんですよね。

釈 きっとベクトルは同じでしょう。

内田 同じですよね。面白いなあ。

釈 かつて熊野に足を向けた人たちは、我々より死の世界をごく身近に感じていたはずです。だから死の世界を覗きに行くため、籠ったり、夢を見たりする場が必要なんですよ。

内田 京都ではだめ。熊野であれば野性が賦活する。

釈　そこですね。野性を賦活させたい、プリミティブなものへの志向。

内田　そうですね。

釈　歴代の上皇や法皇たちは、熊野に生命の源流を求めていたのかもしれません。そして彼らはすごく宗教的感度も成熟していった。だって間違っていないですもんね、足を向ける方向が。現代人だっていま、熊野を求めているんですから。さて、我々も野性を賦活させていきましょう。

源氏vs.平氏とは馬vs.船の戦い

内田　さっき、熊野詣が盛んだったのは平安末期から鎌倉初期というパラダイムが転換するときだった、という話がありましたけど、野性が発動することはあると思うんですよ。

釈　といいますと？

内田　これは武道家的観点からのアイデアなんですけど、鎌倉初期、公卿の時代が終わって武家の時代が開幕しますね。武士集団というのは、発生的にはある種の自然力を統御できる技能を持った職能民だったと思うんです。平氏はもとは水軍ですから、船を操る海民なんです。一方の源氏は、馬を操る山の民。平家は水と風の自然力を統御する技能を以て船を操った。源氏は馬に乗り、高速で移動し、同時に馬の巨大な筋力を利用して、人間単体では操作できないような兵器を操った。そんなふうに自然力を使って人知を超えた働きをする能力を、一族の伝統芸として持っていた集団がいて、その二つの職能民が最終的に覇権を競ったのが源平合戦だった。『荒天の武学』で光岡英稔先生とも話しましたが、馬に乗ることができるというのは、最初のうちはかなり特殊な技能だったと思うんです。

釈 ははあ、たしかに。馬に乗ることや、馬を育てたり馬具を扱うことなどどれも特殊技能でしょうね。

内田 戦国時代の武士が使った槍は、太くて重くて、とても現代人には持てないようなものがある。でも、実際にそれを振り回していた。人間の筋力を以ては持ち上げられないほどの重量のものを馬上で操ったということは、人馬一体となって、馬の大きな筋肉を人体に繋ぐ技術を持っていたんじゃないかと思うんです。

那須与一《なすのよいち》が屋島の戦いで沖の船に掲げられた的を射ますね。あのときも馬に乗ったまま海に入って行って、騎射で射落とすわけです。ということは、海の中で騎射するほうが、立って浜から射るより精度が高い身体運用ができたということでしょう。

釈 そういわれてみれば……。馬から降りて射たほうがよさそうに思えます。

内田 現代人なら馬から降りたほうが楽だと思うかもしれないけれど、それは逆で、騎射のほうが強弓が引けるし、精度も上がる。そうじゃないと騎射という技術が発達したはずがないんです。

釈 馬に乗っているからこそできるということですか。

内田 だって、戦国時代まで、軍隊における基本単位って「騎」なんですよね。「人」とは数えない。

釈 「騎」ですか。なるほど。

内田 平家五万騎とかね。歩兵がどれだけいるかなんてカウントされない。歩兵の数が出てくるのって、戦国末期になって歩兵が銃を使うようになってからじゃないですか。それまでは結局、兵の基本単位は騎馬武者だった。ということは、人馬が一体になって初めて戦闘単位になる。たぶん、船のほうも「船」と「水夫《かこ》」が一体になってひとつの戦闘単位になったんでしょう。

だから源平合戦というのは、自然力を使う二種類のノウハウを持っている職能民たちが、どちらが政治的ヘゲモニーを握るのかを争った戦いだったと僕は思っています。『平家物語』の終わりのほうって、ただひたすら「馬」対「船」が続くでしょう。源氏は馬で来て、平氏は船で逃げる。最終的に、壇ノ浦で平家は滅びる。そのときは逆潮をうまく制御できずに滅びる。最後は彼らの最大の味方だった海洋の自然力をコントロールできなくなって滅びる。

仏教哲学者の鈴木大拙は、平安末期から鎌倉時代にかけて、土に近いところにいた武士が出現してきて、彼らが「大地の霊」に賦活されて、巨大な力を持つようになり、それによって日本の宗教文化が大転換したと同時に、武士たちが政治権力を握るようになったという仮説を『日本的霊性』でたてていますけれど、平家は「海と風」の野性の力に依拠した部族ですから、大拙の日本的霊性とはなじまないですね。「アーシー」というより「マリーン」ですから。源氏は馬という野生獣を活用したわけですから、大地の霊に近い。最終的には源平合戦は大地の霊をわがものとした種族が勝利を収めた。大地の文化と海洋の文化、この二つは日本史のある時点で、不倶戴天の敵として遭遇して、大地の文化が海洋の文化を制した。熊野って、どっちかといえば海洋的な文化圏だという気がするんです。だって、この熊野の山中に馬は入れないし、農耕に適しているともいいがたい。

釈　たしかに。難しいでしょう。

内田　熊野は騎馬文化圏じゃなくて海洋文化圏でしょう。

釈　それはここに来れば実感します。とにかく海と山が直結しています。それに大きな川もポイントですね。

内田　川も船で行き来しますね。司馬遼太郎の紀行文を読んでも、古座川はかなり急流で、そこを行き来するのは相当な操船技術が要ると書いてある。熊野はたしかに森ですけど、人間たちは水辺に暮らした。だから、水上交通技術が発達したんだと思います。

この海洋の自然力の活用ということは平家滅亡から七〇〇年抑制されるんですけれど、それが幕末にまた復活してくる。勝海舟と坂本龍馬は幕末に操船技術を高めて、海洋を自由に行き来できる技術が日本が生き延びるためには絶対に必要だということを言い出しましたね。これは平家滅亡以来の海洋の自然力の再発見だったと思います。

日本の歴史を見ると、「野性の力、自然の力なんて別になくてもいい」という人工的というか、都会的な文化が栄える時代がありますね。平安時代がそうだったし、室町時代もそうだったし、江戸時代もそうだった。そういう都市文化的な政治体制は、必ず野性のエネルギーを制御できる種族によって滅ぼされる。都市文化と自然力信仰って、そういうふうに互い違いに現れるものじゃないですか。

釈 そうなるとますます京都じゃ駄目ですね。京都ではでっかい自然力と合一するのは困難です。

内田 京都は自然力の強さを感知する場所じゃないですね。

釈 だから熊野に行ったのか。

内田 熊野もそうです。たぶん伊勢も。伊勢は平家発祥の地ですから海洋的です。そして、平清盛は福原の外港である大和田泊《おおわだのとまり》（現在の神戸港の一部）を拠点にして、日宋貿易をやって、東シナ海、南シナ海全域に展開する一大海洋王国を構想した。そのために福原遷都したわけでしょう。京都にいたんじゃ海洋のエネルギーを摂取できないから、海辺に新しい都をつくろうとした。ヴェネチアとかジェノヴァとかと同じような海洋都市の機能を目指したんじゃないかな。そして、勝海舟が神戸海軍操練所をつくったのは、その福原ですからね。その塾頭が坂本龍馬。だから、福原という港は日本史上に二回登場するんです。平清盛の福原遷都と、勝海舟の海軍操練所と海援隊。

祓戸王子跡。

祓戸王子で穢れを払う

内田　あ、急に住宅地に出ました。聖地から、いきなり町へ。

釈　あれが祓戸王子跡だそうです。

辻本　祓戸王子は九十九王子の、本宮へのいちばん最後の王子です。

内田　なるほど。伏拝王子の次が、ここなんですね。

辻本　祓戸王子は、もともとは旅の穢れをはらうための場所だったといわれています。

釈　では我々も少しお参りさせていただきましょう。

内田　そうですね。

釈　ええと、本宮へはあちらから入るんですね。ここは神社の裏手になるんでしょうか？

辻本 はい。大斎原の旧社殿であればこの祓戸王子跡を過ぎて正面から入れるわけですが、いまはこのように山中に移築しています。でも、私たちはちゃんと熊野古道を歩いてきたわけですから、裏手から入ったとしても、「正式参拝」ということでいいじゃないんですか。

釈 そうですね。ではみなさん、こちらへ進みましょう。

熊野本宮大社と大斎原

熊野本宮を参拝する

内田 あ、枝垂桜がある。きれいだなぁ。八咫烏《やたがらす》のポストがあります。

釈 八咫烏は日本サッカー協会のシンボルマークになっています。三本足の烏。いや、それにしてもいい場所だなあ。こんな山の中にこれほど洗練された社殿をつくっているとは。独特の違和感があるな。

それでは社殿にお参りする前に、本宮大社についての解説を辻本さんにしていただこうと思います。おーい、巡礼部のみなさん、いきなりお土産買わずにこっちに集合してください(笑)。だめじゃないか、副部長。キミが率先して売店に行っちゃって。

辻本 では、はじめます。まず、本宮大社の主神、中央に祀られているのは家津美御子大神《けつみみこのおおかみ》です。本宮の神様、熊野権現の威力は大きく、鳥羽法皇の死を予告したことが『保元物語』の冒頭に出てきます。また『平治物語』は、平清盛が熊野参詣のために都を不在であるのを狙ってクーデターが起きるところからはじまっている。

左の社殿は夫須美大神《ふすみのおおかみ》と速玉大神《はやたまのおおかみ》で、夫須美大神は那智大社の主祭神、速玉大神は熊野速玉大社の主祭神です。そして右の社殿には天照大神が祀られています。

本地垂迹説でいえば、本宮の家津美御子大神が阿弥陀仏、新宮の速玉大神は薬師如来、那智の夫須美大神は千手観音が本地になります。この三つが一体になって熊野三山というわけです。でも、新宮なんかはとくに山じゃなくて平地なんですけれども、いちおう「三山」という名前で、平安末ぐらいに智恵者がいて、これを一セットにして売り出したのでしょう。

ちなみに、熊野詣には「先達《せんだつ》」という参拝の道案内をする人たちがいて、熊野で修行をした山伏がつとめました。また「御師《おし》」という宿の世話をする人たちもいました。今風にいうツアーを組んで拡大していったのが熊野信仰ですが、先達と御師はそれに欠かせない存在でした。先達と御師は、檀那《だんな》という信徒たちを組織して、熊野に案内する。檀那売券《だんなばいけん》や願文《がんもん》というものが残されていて、その権利が株として盛んに売り買いされてもいたようで、平安の

熊野本宮大社。

時代から組織的に熊野三山信仰の普及体系が完成していったことがわかっていただけるかと思います。

また、本宮大社は「熊野造り」と呼ばれる独特の建築です。中世は長床衆《ながとこ》といって、山から山へ修行の旅を続ける修験者の滞在場所も社殿の中にあったようです。

釈　ありがとうございます。それではさっそくお参りさせていただきましょう。あちらは社殿ですね。

内田　これは素晴らしいですね。聖地の名にふさわしい。

釈　美しい社殿ですね。シンプルなラインが聖性を発揮しています。檜皮葺《ひわだぶ》きですね。ビッシリと贅沢に使っていますね。

内田　屋根に千木と鰹木《かつおぎ》。そう、これで男性神、女性神がわかる。

釈　一般的に、水平に切ったものが女性神、垂直に切ったものが男性神です。鰹木は偶数だと女性神、奇数だと男性神とされています。でも、そのようになっていないものもたくさんあるんですよ。それにしても、もとの大斎原にもこんな巨大な神社が建っていたんですか。

内田　これが中州にあったんですからね、すごいな。

辻本　かなり当時のものに近いようですよ。

釈　そうですか。説明書きによると、参拝する順番もあるんですね。まず本宮の家津美御子大神、結宮の速玉大神・夫須美大神、若宮の天照大神、それから満山社。ではそのように拝ませていただきます。

「大逆事件」と熊野

辻本　先ほどの話に補足しますと、熊野には上皇や法皇はよく来ますけれど、天皇は来ないんですね。天皇の地位のままでは来ていない。昭和三七年に昭和天皇がはじめて熊野にいらっしゃって、私も高校生のとき速玉神社を参拝されたあとの昭和天皇を旗を持ってお迎えした記憶があります。

釈　いわれてみれば天皇は来てませんでしたね。

辻本　それと、例の明治政府の廃仏毀釈で仏教を一気に排斥しますよね。こちらの本宮にも、もともとはかなりの数のお寺があったことがわかっていますが、いまはほとんど残っていません。熊野三山でかろうじて残っているのが那智の青岸渡寺です。ここも、そのまま残ったわけではない。明日行きますけれども、那智大社と隣同士になっています。新宮なんかでは、お寺はありますけれど神社とは一体になっていません。

だから明治になって、お寺に勤めていた社僧といわれる人たちがかなり失職します。神主に衣替えしたり商人になったりして、明治になってさまざまな人生を歩むことになりました。同時に明治三十年代頃には神社合祀といって、小さな神社をひとつにまとめて、いわゆる氏神さまなども邪教だなどとしてつぶしてゆく。三重県と和歌山県とでとくに強力に推し進められました。南方熊楠なんかはこれにすごく反対したんですけれど。

内田 なるほど。

辻本 廃仏毀釈と神社合祀。このふたつは熊野の信仰にとって決定的な影響を与えた政策だったんです。明日行く神倉山も、昔はお堂があったんですが、仏像はぜんぶ谷に捨てられてしまった。それぐらい徹底して仏教を排斥した。奈良の十津川村なんかは、もう寺は全然なくなりましたね。

その点で十津川とよく似ているのが隠岐の島です。じつは隠岐にもほとんどお寺がない。神社ばかりです。十津川と隠岐の共通点はよくいわれていて、幕末、隠岐出身の中沼了三という人が十津川村に文武館という学校をつくった。それを知った隠岐の島民たちが、島にも同じような学校を設立したいと郡代に願い出たんですが、それが取り下げられてしまいます。

怒った島民が郡代を追放し、「隠岐島コミューン」と呼ばれる自治政府がつくられますが、八十余日続いて弾圧される。これは「隠岐騒動」とよばれます。十津川でも、十津川郷士が「天誅組の変」で幕府への反乱に参加していきます。どちらも勤皇の志が強いところ。

あと、隠岐といえば後鳥羽上皇や後醍醐天皇が流されましたが、後鳥羽上皇は熊野に何度も来ていますし、後醍醐天皇も隠岐を脱出して吉野で南朝を開いたりと、まあ、熊野とのつながりも深いわけです。

釈　熊野と十津川、そしてはるか日本海側の隠岐との関係。いずれも辺境の地ですね。そういうところでは、しばしば極端な思想や行為が生じます。

辻本　あと、熊野には牟婁という地域があるんですが、現在は、東牟婁郡と西牟婁郡が和歌山県で、南牟婁郡と北牟婁郡が三重県なんです。もともと熊野はひとつの大きなエリアだったわけですが、明治になって熊野川に県境ができて分離されてしまい、その不便を我々はいまでも被っているんです。例えばパンフレットひとつとっても、三重県と和歌山県のもので違うわけです。同じ熊野なんだから一緒にすればよいのに、なかなかできないんですよ。

森本　もっというと、第二次長州征伐で水野忠幹《ただもと》率いる新宮藩が大活躍して官軍に大きなダメージを与えた結果、その怨念が、新宮藩を熊野川で分断するということにつながったんじゃないかという人もいます。

内田　僕はすぐそういう話に感動しちゃう。先祖が会津だから。

辻本 それが「大逆事件」にまで影響していると考える人もいますね。「特別要視察人」という、官憲が出した大正時代の報告書があるんですが、「大逆事件」に関係した人の動向がみんなチェックされていて、その中に「熊野川流域は危険地域である」と必ず出てくる。そういう意味ではね、やっぱりいろんなつながりがいままで尾を引いている。

「大逆事件」では二四名が死刑や無期懲役になりますけど、そのうち六名が熊野の出身です。地元のお医者さんであったりお坊さんであったり……。幸徳秋水は土佐中村の人ですが、新宮にも来ています。

内田 こっちに来ているんだ。

辻本 こっちにやって来て、熊野川で船を浮かべたのは、「天皇暗殺計画」を話し合ったからだということになるんです。さっきの長州藩との関係でいったら、この地が政府のターゲットになったというのもあながち無視できない話なんです。もちろん決定的な資料というものはないのですが、たしかに明治以後、このあたりはかなりの不便を被ってきましたから。地域がターゲットにされて、いまに至るまで、不便や不都合を被ってきたという心情を、いまを生きる熊野の人々に育んできたのは間違いありません。

旧社地、大斎原へ向かう

釈 ではこれより大斎原の旧社地を目指して歩きます。一五分くらいでしょうか。内田先

熊野本宮大社へ続く階段。今回の巡礼ではこの階段を下りる形となった。

生、こちらの石段を下って行きましょう。現在はこの参道を登ってきて、社殿へと参るわけですね。

内田 美しい参道ですねぇ。

釈 ほんとうですね。あれ、ここにも祓戸王子がある。さきほども祓戸王子があってお参りしましたけど、こちらの参道の途中にもありますね。

辻本 私たちがさっきお参りした祓戸王子がもともとあった王子で、こちらは神社を移築したときに新しく参道につくったものでしょう。

釈 あ、そうか。たしかにこれが参道沿いにないと具合が悪いですもんね。まず祓戸で心身を清めてからお参りするわけですから。

内田 祓戸大神ですね。振魂しないと。

釈　普段からよくやるんですか？

内田　天の鳥船という神道の行法があって、多田塾の合気道では稽古の前に必ずやるんです。祓戸大神、天照大御神、天之御中主神《あめのみなかぬしのかみ》の三柱の名を唱えて、祝詞を唱えるんです。「わが心は宇宙の心と一体なり」「わが力は宇宙の力と一体なり」「われは宇宙と一体なり」って。

釈　内田先生もいろんなことやるなあ（笑）。いや、それにしてもほんとうに素晴らしい参道ですね。こういう美しさは、なかなか見られませんよ。

内田　ほんとうに見事。この参道も明治二二年の移築に際してつくったわけですよね。

釈　しかも、ここはいい森ですよ。神道はこんなふうに真っ直ぐ立っている木が好きなんですよね。「神が立つ」というやつです。

内田　なるほど。

釈　勢いがあります。「立つ」と「現れる」は同じ意味を内含しています。たとえば真っ直ぐ立っている柱は神が現れることの象徴になります。

それにしてもいままで行った聖地に比べると、今回はやっぱり規模の大きさに圧倒されますね。これまではわりとこじんまりしたところを選んで行きましたから。

内田　そうですね。大阪天満宮は小さかったですものね。

釈　はい。ところが今度はでかい。地域一帯が聖地です。

内田　山全体が神域ですからなあ。

巨大な鳥居の先が大斎原。

釈　聖性の濃さがやはり違いますね。後鳥羽上皇も平安の貴族たちもこの濃密な空間に身をひたしていたのでしょう。

聖なる中州、大斎原

内田　あそこが大斎原ですか？

釈　あ、そうみたいですね。出た、日本一の大鳥居。ちなみに、正面入口は別のところにあって、いまでも木製の鳥居があるそうです。もともとは、こちらに鳥居はなかった。

内田　桜に救われてますね。しかし……鳥居だけがあって本殿がないって面白い。

釈　そうですね。でも、逆に原初の雰囲気を感じます。いま、ちょうど一二〇年大祭をしているんですね。

森本　明治の洪水で大斎原の本殿が流された

あと、いまの山の中に本宮大社が再建されて、今年でちょうど一二〇年になるんです。それで「正遷座一二〇年祭」を開いていろんな行事をしています。

内田 そうか、そうか。

釈 ああ、ここはほんとに両脇が川になっています。典型的な中州ですね。

辻本 左手が本流の熊野川です。右手が支流のほう、音無川といったりしますが、その上流に我々が先ほど訪ねた船玉神社もあります。だから本宮大社も海や舟とのつながりも深いんです。ちなみに、音無川というのは、熊野川本流として使われる場合もあります。

釈 こういう地形だと、この周辺は土壌が豊かになるのでしょう。周りは田んぼばかりです。

内田 ナイル川みたいですね。

森本 ここは世界遺産として注目を浴びる前、中上さんが初めてイベントに使わせてほしい、とお願いをして、イベント会場としても使われるようになりました。都はるみがカムバックしたとき、ここで復活コンサートもやったんですよ。でも以前はゲートボール場があったりして……。

内田 それはいかんでしょう。

辻本 このあたりは昔は放ったらかしでしたが、最近ちゃんと神域のような感じに整備し直しました。このへんでゲートボールはもうできません。

釈　それはなによりです（笑）。

「やっぱり熊野はここだ」

辻本　流される前、本殿をはじめ、一遍聖絵にみられるような社殿がたくさん並んでいたはずです。流されたあと、二つの石祠が立てられたということですが、場所としての象徴性は残っていますね。

内田　ほんとだ、石祠がありますね。

釈　祠もたぶんいっぱいあったんだと思いますね。しかし先生、ここは……。なんともいい難い……。とにかく、よい場所ですね。それしか言葉がでない（笑）。なんにもないのにいい気分になって、ついつい笑ってしまうなあ。

とにかくすごくニュートラルな場ですね。そのように感じます。古代の日本では、しばしば山は死者の場です。そして対照的に海は生命の根源。つまり海のエロスに対して、山のタナトス原理みたいなものがある。しかし、ここはエロスでもタナトスでもない、ニュートラルです。

誰かが大斎原を「子宮の形をしている」と書いていましたが、そうなのかもしれません。母体回帰を連想させるたたずまいですね。なにもない、それがこんなに心地よいとは。

内田　ここで朝、呼吸法をやったら最高ですね。

大斎原。なにもない空間が広がる。

大斎原の二つの石祠。

一遍上人の牌。

釈　ヨガや合気道、太極拳とかもいいでしょうね。すごい、ここはいいぞ。ものすごくいい。ここだな。やっぱり熊野はここだ。どんな民族でも、ここを聖地とするに違いない。

あ、これは一遍上人の碑もありますね。

内田　ええと……何て書いてあるんだろう。

釈　「南無阿弥陀仏」ですね。一遍は独特の字ですから、ちょっと読みにくいですが。

内田　「弥」が格好よいですね。

釈　「弥」は独特ですね。一遍という人はほんとうにユニークな人です。それが字にも表れています。親鸞もクセのある字を書きますが。

あっ、そこはもう熊野川ですね。ちょっとそこを回って下りて行ってみましょうか。

内田　はい。

釈　うわ、ここもよい感じだなぁ。

森本　やはりここに神殿を建てる理由ってわかる気がしませんか？

釈　ものすごくわかりますね。ここはまぎれもなく聖地でしょう。どの時代の人が見ても聖地。どうですか、この景色、すごいな。視界が広がっていく。さっきまでの山深い場所と対照的です。

内田　ほんとうにね。いまは氾濫するような川には見えませんけど、この川が社殿を全部流しちゃうんだから、すごいですよね。

釈　ほんとうに水際に社殿があったんですね。いやー、視線を移すと山また山だな。これはすごい。ちょっと熊野を好きになるかもしれない。いや、もうかなり熊野、好きやなぁ。

大斎原のすぐ近くを流れる熊野川。

法話と対談——湯の峰温泉にて

「捨ててこそ」の一遍

釈　みなさん、どうもおつかれさまでした。我々の聖地巡礼は「国ほめ」の実践です。だから各地を回って、その土地をほめたたえています。でも、さすがに四回目となると、もうほめるボキャブラリーもだんだん乏しくなって、ちょっと無口になる場面も増えてきました（笑）。最後に今日一日をみなさんと振り返りたいと思います。

私自身、今回が初めての熊野でしたが、とくに最後の大斎原はとてもよい場だなと感じました。中世の念仏者・一遍はあの場所で「熊野神勅」を体験しました。自分の進むべき道を求めて苦悩していた一遍は、熊野の神からの啓示を受けるのです。それが「熊野神勅」と呼ばれている宗教的回心体験です。

一遍という人は、念仏者の系統からいうと、法然の曾孫弟子になります。法然はそれまでの仏教を大きく転換した人です。しかし、一遍はそうではなく、思想的には法然系統でありながら、我々が前に京都を巡礼した際に見た六波羅蜜寺の空也像、口から「南無阿弥陀仏」と仏を出したあの空也の系統に近い。法然以前の土俗性も内包していた人です。

空也と一遍は、二人とも仏教を「捨ててこそ」とひと言で表現しています。捨ててこそ仏教、というわけです。

仏教の理想の心に、「慈」「悲」「喜」「捨」の四つがあります。「慈無量心」「悲無量心」「喜無量心」「捨無量心」を四無量心と呼びます。「慈無量心」「悲無量心」「喜無量心」の三つは、わりと理解しやすい。ほかの宗教でもしばしば強調されます。やさしくいうと、目の前にいる人の悲しみを我が悲しみとする、目の前にいる人の喜びを我が喜びとすることから仏教の心がはじまるという教えです。しかし、仏教の大きな特徴といえるのが最後の捨無量心です。限りなく捨てる心。あらゆる関係に固執しない、我々はどこかですべてを捨てていかなきゃいけないと説くのが仏教です。

一遍という人はほんとうに捨てることを実践した人で、何も残さないような人生を歩みました。法然や親鸞と同様に、一遍も「他力の仏道」を歩みます。本来、〝私が修行して悟りを開いて仏となる〟のが仏道だったわけですが、これを法然が引っ繰り返して、〝私は仏に救われる〟という仏道を展開します。「南無阿弥陀仏」を称えることで救われるという、誰もが歩める仏道を主張するわけです。

一遍は「南無阿弥陀仏」と書いた札を配る、賦算《ふさん》という行為を行ないます。でも、これを配って歩いていたところ、ある人物に「私は阿弥陀仏の信仰を持っていないから、それをもらうわけにはいかない」と断られるんですね。それにショックを受けて、「どうしたらいいんだろう」と悩んで熊野で籠ったところ、熊野の神から「信不信問わず」というお告げを受けます。信じていても信じていなくてもいいんだ、というわけですね。これは、実に驚くべきことで、仏教もそこまで行ってしまうのかといった感があります。仏教の極北というような思想にたどり着くわけです。時宗では、熊野神勅を開宗のときとしています。

熊野信仰を日本中に拡大させたのは、この時宗（時衆）の人たちと、今日お話した熊野比丘尼です。本日宿泊させていただく湯の峰温泉は小栗判官の伝説で有名ですが、小栗判官を車に乗せてこの熊野の地まで引っ張ってきたのも時宗（時衆）の人たちだといわれております。

すべての境界が融ける仏教

一遍の仏道では、あらゆるものが融合します。信じている人も信じていない人も、念仏を称える人も称えない人も、神様も仏様も道教も儒教も、すべての境界が融けてしまいます。これはまさにこの熊野の地にふさわしい仏道といえるでしょう。すべては融けて南無阿弥陀仏になる、南無阿弥陀仏の一元化的仏道を展開するわけです。

対照的なのが法然です。法然は、ことごとく仏教を二項対立に分けて、どちらかを選ぶという仏道を展開しました。法然はほんとうに頭のいい人で、広大な仏教フィールドをことごとく学んだ上で、きれいにふたつに分けました。そして、「仏道を歩むならば大きく分けてふたつある。もし君が釈尊のような宗教的天才であれば、こっちの道を行けばよい。しかし、君が凡人ならば、こっちの道を行きなさい」といった論を展開する。片方を選んで片方を捨てさせる。またさらに、「こっちを選べ」と導き、最後は「ただ南無阿弥陀仏を称えなさい」へと帰着する。ただひとつを選びとる教義を構築します。

法然は大変な批判にさらされます。法然批判で最も的を射たのは明恵[*21]の立論でしょう。「仏道はもともとひとつだったのに、法然はそれをふたつに分けてしまっている」というものです。まさにその通り。法然思想の特性をよくとらえていると思います。

ただ、ふたつに分けてひとつを選びとるところに、かってない仏道が展開したのは事実です。そういう意味では、法然は日本仏教のみならず、仏教全体の大きなキーマンでした。法然が目指したのは徹底的に弱者の仏道です。たったひとつを選び、ほかを捨てる姿勢にこそ弱者の宗教の方向性がある。弱者の宗教って、しばしば一神教的になるんですね。

すべてを融合する一遍。すべてを二項対立・二者択一を説く法然。そして、この間に挟まるようにして親鸞がいるのです。

親鸞は、どこにも着地できないような人です。光と影、罪と救い、そうした対立をずっと死ぬまで抱えて苦悩し続けた人です。法然は「私が仏になる」を「仏が私を救う」へと方向を逆転させるわけですが、親鸞は「仏から救うといわれても喜べない」「俺は、仏から逃げるような人間なんだ」と苦悩し続ける。一遍のように、「仏に救われた喜びを皆で表現しよう」と、身体性を発揮させたりする方向にもいきません。

「いくら仏道を歩んでも、俺の苦悩は解決しないんだ」「仏に救われるっていっても喜べないんだ」と苦悩をする親鸞と、見事に二項対立に分けて、「たったひとつを選び取れ」と説く法然。そして「仏に救われた喜びを踊りであらわそう」と人々が交差する市《いち》で踊る一遍。そのように、三者それぞれの仏道が展開されていきます。

ひとりひとりだとわかりづらいものが、三者をこうして並べると見えてくるものがある。そんなふうに思います。

「キミ、お母さんの身体を洗ったことがあるか？」

以前、あるお話を聞いて、「法然、親鸞、一遍の三人だったら、それぞれこうするんじゃないかな」と思ったことがあるんです。

かなりご高齢になっていますが、長崎に竹下哲先生という有名な元・校長先生がおられます。現役の校長先生だった当時、竹下先生が校庭で朝礼の訓話をはじめると、隣にある役所の窓がバーッと開いたそうです。お勤めのみなさんがお話を聞きたくて開けたんですね。きっと名物校長先生だったのでしょう。

その竹下先生のお話に次のようなものがあります。母ひとり子ひとりで育ったある男の子がいた。彼は就職試験の第一次面接で、面接役の人から「キミ、お母さんの身体を洗ったことがあるか」と訊かれたそうです。男の子は一度も洗ったことがなかったので、正直に「いえ、ありません」と答えた。すると面接役の人は「じゃあ、二次の面接までにお母さんの身体を洗ってきてください」と告げたそうです。

かつてはこういう企業面接もあったんでしょうか。これだけでもユニークな話ですね。きっとその男の子はいろいろ思案したに違いありません。年頃ですから、お母さんと一緒にお風呂に入るなんてのは、ちょっと抵抗がありますよね（笑）。

結局、その男の子は「足を洗おう」と考えたようです。玄関先で足を洗うのなら簡単です。それでも身体を洗ったことには間違いありません。バケツにぬるま湯を入れて、バスタオルなんかを用意して、玄関で足を洗う準備をしてお母さんの帰宅を待ったことでしょう。

そこへお母さんがお仕事から帰ってくる。彼は事情を説明して、母の足を洗います。ところが、母の足が岩のように硬い。長年のお仕事で変形している。

男の子は泣きながら足を洗ったそうです。

そんなことがあって、第二次面接の日です。やはりその面接役の人がいて、「お、キミか。どうだ、お母さんの身体、洗ったか？」と尋ねる。男の子は「はい。洗いました。足を洗わせていただきました」と答える。面接役の人が「どうだった？」と訊くと、この男の子は「とても大切なことを教えていただきました。私はいま、この会社に就職できなくてもいいとほんとうは思っているんです。もっと大事なものがわかりましたから」と語ったそうです。

法然、親鸞、一遍ならどういうか

この話を聞いたとき私、法然、親鸞、一遍の三人を連想したんですよ。ちょうどこの話で、三人の「念仏観」がうまく譬えられるんじゃないかと。三者三様の念仏への姿勢を比べるのによい比喩になりそうだと考えまして、まあ、私の勝手な空想なんですけどね（笑）。

法然さんだったら、「足を洗うという行為、それ以外に大切なものはない。たったひとつ、それだけを選び取って、人生を生き抜け」とおっしゃるんじゃないか、そんな気がしました。もちろん足を洗うというのは、称名念仏のメタファーです。法然上人は壮大な仏教体系を見事に分類した上で、称名念仏ひとつを選び取る仏道を提示した人物です。余人ではこういうことはできません。

また、親鸞さんだったら、「こんな硬い足になるほど苦労して育ててくださって、ありがとう。そう感謝していても、何か気に入らないことがあればお母さんを罵ったりしてしまう。ありがとうといった同じ口で罵倒する。それが我々の姿なのだ」と、さらに問いを奥に進めるに違いないと思います。それが親鸞聖人の仏道です。

一遍さんは、「キミが母の足を洗っている姿、それはもはやお母さんとキミとの境界はない。境界がなくなって、自他がひとつになった姿、それは南無阿弥陀仏なのだ」と語ってくれそうな気がします。一遍上人は「称うれば 我も仏も なかりけり 南無阿弥陀仏 南無阿弥陀仏」と詠んだ人です。

とまあ、三祖師のお念仏って、それぞれにこんな特性があるように思います。同じような仏道を歩んでいても、微妙に問題意識が異なる。またパーソナリティも違う。遊行という形態へと進む一遍さんは、身体へ、他者へ、外へ外へ、そんな方向性を持っている。逆に、親鸞さんは内面へ、内へ内へ、と問いが進む。このふたりの対比は、とくに興味深いものがあります。しかも、面白いことに、ふたりが理想としていたのは同じ人物なんですよね。

それは、教信《きょうしん》という人です。

教信は正式なお坊さんになる前の人、沙弥《しゃみ》だったようです。実際にはどんな人かよくわかっておりません。もともと興福寺で学僧への道を歩んでいたのですが、何を思ったのか突然それをすべて捨て去り、いまの兵庫県の加古川あたりに住みはじめます。そこで家庭を持つのです。荷物を運ぶのを手伝ったりしてわずかなお金をもらって暮らします。家族みんなで念仏しながら日々をおくり、生涯を終えました。

いわば半僧半俗のような生き方です。ごくふつうに社会生活や家庭生活を営みながら、仏教の教えを軸として生き抜いた。そこに親鸞も一遍も惹かれたのだろうと思います。法然も「仏教の教えに導かれて生きる」という軸さえあれば、生活の形態はどのようなものでもよいと考えていました。こうなると出家者と在家者の境界も不明瞭になります。

このような仏道は日本で大きく展開しました。ある意味、日本で完成した独特の仏教とでもいうべきものです。それは故なきことではないでしょう。我々の文化圏における宗教的土壌にあった方向性だったのでしょう。日本人の手にかかれば、仏教ほどよくできた宗教だって、こんなにも変質してしまう。そこに日本仏教のユニークなところがあります。もちろん、そこに具合の悪い面もたくさんあるのは重々承知しておりますが、私などは「日本仏教……、面白いなぁ」などと思ってしまいます。

今日のお話はこのぐらいにさせていただきます。ありがとうございました。

だんだんグラデーションが上がっていく

釈　それでは内田先生、本日の巡礼について少しお話をお聞かせいただきたいと存じます。順にたどっていきましょうか。まず我々の巡礼は滝尻王子からはじまりました。あそこは裏に榊も自生しておりまして、ちょっと熊野の原形を見るような思いがしました。

内田　そうですね。岩を砕いて木が生えていたり、野性を感じました。僕らは滝尻王子から巡礼を開始したわけですが、何となく今日はグラデーションがだんだん上がっていく感じがしましたね。

釈　グラデーションが上がる、ですか。

内田　ええ。熊野というのはやはり巨大な聖地なわけです。もっと小さい場所だと周りに世俗の世界があって、聖域との間に結界があって、そこを超えるときにはある種の「段差」がありますよね。霊的なバリアがあって、そこで空気感が変わる。でも、ここは神域が広くて、自然となじんでいますから、ゆっくりだんだん気分がよくなってくる。そんな感じがしました。とくに伏拝王子くらいから、だんだんと上がってきましたね。

釈　あそこはとてもよくできたポイントでした。巡礼者たちの臨床体験から生まれた場所なのでしょう。

内田　そうなんですよね。これまでの我々の聖地巡礼は、三輪山もそうでしたけど、生活と切り離された場所にあって、世俗の世界と聖域が截然《せつぜん》と分かれていた。でも、今回はとくに伏拝王子のあたりからは生活空間と宗教空間がひとつになっていました。他の場所だと前に参道があっても、民家は塀を建てて、「そこは参道だけど、ここは俺ん家の地所だから」っていうふうに切り立ててきますけれど、伏拝王子のあたりの民家は参道の一部分をなしていますね。塀がない。空気が行ったり来たりしている。庭の手入れもきれいにしてあって、水仙や菜の花が咲いている。そういう日常の生活感と、本宮に向かって進んで行く霊的な緊張感の高まりが融け合ってる。「これは、聖地巡礼の中で初めての経験だな」と感じました。

釈 先生はあそこを歩いているとき、何度も「これはよい道だ」とおっしゃってましたね。聖地の中枢へと行くまでのプロセスに特徴があるということでしょうか。

内田 ええ。段階的に霊的な濃度が上がってゆく感じがいいですね。

釈 それでは本宮大社の印象はいかがでしたか？

内田 よかったですね。ただ、本宮大社もよかったですけれど、大斎原に向かって下りていった参道がよかったですね。

釈 素晴らしいですよね。あれが大洪水の後、明治二二年以降につくった新しい参道なんですから。参道をつくった人たちの宗教的感覚と、メンテナンスや維持している人たちの技術の高さを実感せずにはおれません。

内田 あそこは何もなかったわけですよね？

湯の峰温泉での対談の様子。

釈　きっと森だったのでしょう。森を切り開いて参道をつくったと思われます。

内田　あのあたりだったらどこに本宮を移しても支障がないくらい、エリア全体が非常に霊的に浄化されている感じがあります。あとは大斎原。あそこも素晴らしいスポットでしたね。明治二二年に社殿が流出したっていうのは、ほんとうに惜しい。

釈　そうなんですよ。あそこはほんとうによかった。なんとも離れがたい場の引力があって。

内田　歩いているときも話しましたけど、あそこは中州で、川が大きく蛇行する場所なので上流からさまざまなものが流れて漂着したようですね。とくに熊野は土葬ではなく水葬の習慣があった。

釈　ええ。そのようです。

内田 死んだ人たちが流れてきて、あの中州に漂着してくる。その人たちの呪鎮、鎮魂のために最初にそういう宗教的な施設ができたんじゃないでしょうか。自然にできた聖域という感じがしました。神域固有の強いパワーを感じました。

釈 そうでした。そのことは、ご一緒したみなさんの多くが共有しているんじゃないでしょうか。では、ここからは巡礼部の皆さんにも参加いただきまして、今日のご感想をうかがいたいと思うんですが。

内田 そうですね。では、川上盾牧師にちょっとお聞きしたいんですけれども。

巡礼部 はい。僕は奈良の法隆寺に行ったときと同じ感覚を本宮の境内に入ったときに感じました。これはかなわん、という感じ。

釈 それは、キリスト教ではかなわんっていうことですか。そんなことといってもいいんですか（笑）。

巡礼部 やっぱり風景と一体になったスポットの力というのはすごいですよね。僕は親戚縁者にほとんどクリスチャンしかいないという、日本においてはほんとうに珍しい育ち方をしている人間でして、神社やお寺の参拝の仕方も知らないんですよ。だから今日も後ろのほうで皆さんの参拝を敬意を持って見つめるという形でしたけど。

釈 はい、今日は何度か牧師がそのようにふるまっている姿を拝見しました。

巡礼部 小学校のときも修学旅行で伊勢神宮にみんなで行ったんですけど、僕だけ結界の外で待っているという子でしたから。でも、そんな人間の心の中にも、なんというか、大和の古層みたいなものがやっぱりあるんだなということを今日は強く強く感じました。

内田 たしかに日本のキリスト教会は町並みと一体化しているとか、自然と一体化しているということがないですね。

巡礼部 よく探せばあるのかもしれませんが、むしろ異質なものとして存在している場合がほとんどですよね。やっぱり日本ではそうせざるを得ないところがありますから。

釈 ただ、僕は多くの宗教研究者がいうほど、キリスト教が土着していないとは思っていないんです。たしかにものすごく時間はかかってはいますが、少しずつ昇華されて、日本人の肌感覚になっている部分も少なくありません。いまや教育や倫理観などはかなりキリスト教をベースにしてます。日本の宗教は仏教、神道、儒教、道教などいろんなものの融合で成り立っているといわれますが、けっこうキリスト教も混入していると思われます。

内田 神戸女学院大学の合気道部で初めて合宿に行ったとき、ご飯の時間に僕が「じゃあ食べましょう。いただきま〜す」といったら、学生に「待ってください、食前のお祈りをしないんですか?」ってびっくりされたんです。当時の部員は中高部出身者が多くて、彼女たちは泊まりがけでクラブ活動をするときにはご飯のときに必ずお祈りをした。それは失礼ということで、そのときから食前にお祈りをするようになって以後ずっと続けているんです。そのうち合宿の参加者が増えてきて、前回なんかは八〇人ぐらい参加したんです。もちろん全員がクリスチャンではない。でも、やっぱり食前の祈りはずっとやっているわけですよ。食前の祈りを捧げて、みんなで「アーメン」と唱えてからご飯を食べる。これね、「ちょっとそれやめませんか」という人がそのうち出てくるのかなと思ったんですけど、これまで二二年間、誰もそんなことを言い出さない。みんな黙って「アーメン」でご飯を食べてる。きっと稽古のときの振魂や鳥船と同じだと思うんです。はじめから「そういうものだ」と思っていれば、別に気にならない。ミッションスクールのクラブの合宿で神道の行法を教えても、学生たちは誰も文句をいわなかったわけですから、それでいいんじゃないですか。釈先生がおっしゃるように、時間はかかるけれどもだんだん融合していくってことはありますよね。日本人はクリスマスをお祝いして、正月に神社に初詣に行って、葬式には読経するわけですから。

釈 日本人の宗教性の何パーセントかはキリスト教が支える感じになっているんじゃないでしょうか。

内田 そうかもしれないですね。

巡礼部 ただ、全体的にはそういうことなんでしょうけれども、そこにある風景との一体化という意味でいえば、やっぱり日本のキリスト教にはまだ少ない気がします。

釈 そうか、風土や衣食住や建築様式なども宗教の大きな要素ですから、そのあたりの異質性があるのか。今日などは濃い陰影の樹林や立派な木造建築に次から次へと出会って……。

内田 でも木造教会って外国にもありますよね。ギリシャ正教にありますけれど、あれはいいですね。どことなくアジア的な感じがします。

巡礼部 ルーマニアの教会もそうですよね。

内田 そうですね。日本女子大って、もともとはミッションスクールなんですよね。講堂が木造で、外見は普通の木造建築なんですけれども、中に入ると教会なんです。東欧って僕は行ったことないですけど、なんとなくそういうところにあるギリシャ正教の木造教会のような感じがしました。あれを見て、日本の教会も木造にするとよい感じになるんだなと思いましたね。

聖地を目指すための方便(ウパーヤ)

釈 先ほどの「聖地の中枢へのプロセス」の話で、ミシュランのランク付けの話を思い出しました。『ミシュランガイド　京都・大阪・神戸・奈良』をつくるとき、京都の女将さんたちが「店だけ来たって京都の料理はわかれへん」といってずいぶん反対したんですよ。「京都の料理は、家を出るときからはじまっているんや」というんです。「何を着ていこうか」からはじまって、お店までの路地を楽しみ、店先にはちゃんと打ち水がしてあって、お店に入る前の待ち合いにも工夫がほどこされている。そこから全部を含めて京料理があるのに、お皿の上の料理だけを切り取ってランク付けしたって成り立たないっていうんですよ。今日の熊野古道も、手の入れようといいますか、無数にある思いの蓄積みたいなものが随所に見受けられました。

内田 ありましたね。

巡礼部 面白かったのが、道に直線がなかったですよね。見えそうで見えない。伏拝王子からの見晴らしで、「あそこに行くんだ」っていうのがやっと見えましたけど、そこからも紆余曲折がある。それが何かワクワクさせてくれました。

内田 伏拝王子に立つと急に見渡せる。うん、あれは素晴らしい仕掛けですよね。

釈 はい。あれは勇気が出ます。ずっと歩いてきて、いいかげんつらくなった時点で伏拝王子がある。視界が開けて、あそこまで行けばいいんだ、あとひと息だ、と思ってまた歩き出せる。

僕、あの場所で『法華経』の化城《けじょう》の譬えを思い出したんですよ。こういうお話です。はるか彼方にある目的地へ向かおうとするのですが、一行は途中で疲れ果ててしまいます。そこで、指導者は超能力を使って「幻の城」を出現させます。そして、「ほら、まずはあのお城まで行こう」と一行を励ますわけです。つまり中継ポイントを設定して、導くわけです。これが「方便」（ウパーヤ＝近づく）ということです。ウパーヤ（方便）はまさに仏の智慧でして、それぞれの人の能力に合った中継地点といったところです。いわば、『法華経』の譬え話はそれをうまく表現しています。また、熊野は『法華経』信仰が篤い地ですからね。そんなことを連想していました。

江戸時代末の本宮大社（提供：熊野本宮大社）。

内田　伏拝王子はまさにウパーヤでしたね。あれで頑張れましたもんね。

釈　はい。ではここで巡礼部副部長の青木君の感想も聞かせてもらいましょう。

巡礼部　はい。僕は前回の三輪山と今日の本宮大社を対比させて考えてみたんですが、すごく不遜なことをいいますけど、いまの本宮大社があそこにある必然性がないような気がしたんですね。三輪山はあの山が御神体なのでそこにある必然性はわかるんですが、本宮は正直ちょっとピンとこなかった。でも大斎原に行ったとき、「ここだ」っていうのがあったんです。

釈　たしかに大斎原はたいした聖地でした。あの場に社殿があれば、さぞや強烈な場をクリエイトしていたでしょう。

巡礼部　昔の本宮大社の絵を見たとき、僕は古代地中海の歴史を研究しているんですが、壁に囲まれた都市国家を思い出しました。これはひとつの完結した世界だと。

内田 なるほどね。中州が完結させている。

巡礼部 はい。完全に完結しているひとつの国家みたいな場所かなと。ある意味で天皇が来なくなっていうのは、当然かな、という気がします。完全にアナザーワールドという感じがすごくありましたから。だから、それがなぜ熊野に行くのか、なぜ熊野に籠るのかということのひとつの理由じゃないかとも思いました。

内田 あそこに籠るわけだ。中州に。

釈 これだけの広大な聖地ですからほかにもお籠りの場は数多くあったでしょうが、あの中州を上回るところはないに違いありません。そして一遍もあそこに籠ったのです。

内田 後白河法皇もそうですよね。

巡礼部 ひとつ質問なんですが、蟻の熊野詣というのは、どこの道を通ったんですか？　伊勢参りと一緒になって流行したと資料で読んだんですが。

辻本 上皇なんかの参詣道は今日通った中辺路です。当時はどれほど道が整備されていたかはわかりませんが。

釈 室町時代に伊勢に信仰の中心が移り、本格的に伊勢参りが盛んになるのは一六世紀です。蟻の熊野詣といわれるくらい盛んだったのは、それより前ですね。

巡礼部 今日の熊野古道の入口である滝尻王子って、じつは私はちょっとピンと来なくて。「ここから入っていいのかな」という感じがありました。どうしてですかね……。

内田 熊野への入口はいくつかあるわけですよね。僕らが今日歩いた中辺路、それに海岸から上がってくる大辺路と、高野山とつながっている小辺路。

釈 あとは伊勢のほうから来る伊勢路もあります。

辻本 修験者なんかは大辺路を歩いていたようです。大辺路のほうが歴史が古いという説もあります。辺路修行というものが昔からありました。それがおそらくいちばん古い道だろうといわれています。

釈 海岸沿いが本来の道というわけですか。

巡礼部 絶対に海岸からのほうが入りやすいと思うんです。

辻本 上皇などが京都から来たときは中辺路が主です。都から淀川を下って大阪の八軒家まで来る。そこが熊野参拝の入口になります。

釈 そうなんですよ。皆さん、じつは私たちがいちばん最初に巡礼した大阪の上町台地から熊野参詣がはじまっているんです。上町台地の先端からずっとここまで、参詣ルートがつながっている。

辻本 ええ。あそこからが参詣道ということで、世界遺産になっています。九十九王子もそうです。だからユネスコの世界遺産登録の正式名称は「紀伊山地の霊場と参詣道」です。

内田 参詣道そのものが世界遺産。

釈 我々はそこを、飛び飛びではありますが、ずっと通ってきたわけです。

内田 知らず知らずに熊野古道を歩いたわけですね。由緒正しい参詣道を追いかけているということですよね。

釈 たまたまなんですけどね。

内田 それにしても大斎原の中州は、明らかにパワースポットでしたよね。あそこは川に挟まれて、ほんとうに独立した空間です。たしかにあそこであれば、京の都に匹敵するような、ある種のコスモロジカルな中心として機能する感じがあります。本殿が流出したのがもったいない。やっぱりこれは陰謀説をとりたいですね（笑）。

釈 長州陰謀説ですか（笑）。熊野＝バリ説といい、今回の巡礼は内田言説が野ばなし状態だなあ。

巡礼部 だから中州に再建させなかったのかもしれないですよね。

辻本 当時も反対はあったらしいんですよ。やっぱりもとの場所へという運動はあったようです。

内田 ふつうは同じ場所につくりますよね。

辻本 それまでも何回か流されているはずなんです。そのたびに再建というか修繕してきたと思うんですけど、明治二二年はとにかく想像を絶する洪水だった。

釈　すべてを持っていかれたために大きな決断をしたと。

辻本　上へ移すのにもかなりの決断がいったと思うんですけどね。

釈　でも、先ほども申しましたが本宮大社をつくった人々のセンスは抜群ですよね。あれだけの参道をデザインするのは大変な宗教的感性だと思います。

内田　アーキテクトとして素晴らしい。

釈　中州という場には勝てないところがありますが……。いや、でもいま、あの中州にある大鳥居は駄目だと思います。

内田　たしかにあれはいりませんな。木の鳥居でよいでしょう。

巡礼部　熊野古道が再生の道だということを私は初めて知りました。スペインのサンティアゴ・デ・コンポステーラの巡礼道もそうですけど、基本的に巡礼って西に向かいますよね。

釈　四国のようにぐるぐる回るものもありますけどね。でも、お遍路のように回るタイプは少ない。西に進むタイプは多いですね。日が沈む場所、すなわち死に向かうのでしょう。

巡礼部　あそこの巡礼道に入るときは、大きな橋を渡ったりして、「さあ、死に向かうぞ」という厳かな覚悟で歩きはじめられる。ほんとうに一度死んでしまうような感覚があります。でも、今日の滝尻王子からの古道の入口は、さり気なく日常とつながった場所で、しかも東に向かっている。死なないで生まれ変わるっていうか、西に行く巡礼とはぜんぜん違うなと感じました。とくに伏拝王子から本宮に向かう最後の下りなんて、女性でも楽しくおしゃべりしながら行けましたから。こんな巡礼があるんだなって驚きました。

釈 梅原猛先生のように、熊野を「死の国」と捉え、「魂《たま》と死の原理」で語る人はけっこうおられます。でも、大斎原なんかは母性原理が強くて、もっと聖性と結合する「エロス」「生命力」というか、「生まれる感じ」がありました。明日、那智に行くと、もう少し死の香りがするのかもしれませんが。植島啓司先生が熊野は「子宮に帰る場所」とおっしゃってましたけど、たしかにそちらのほうが近い感じがします。

森本 陰陽道でいえば、京都は子《ね》の方角、熊野は午《うま》の方角です。つまり北から南へ向かうということは、北の胎内から南の女陰に向かい、そこから再び京へと戻ってくることで生まれ変わるという思想があった、そんなことをおっしゃる方もいますね。

釈 なるほど。今日歩いたところはそっちの話がしっくりきます。

内田 そうかもしれないですね。

懐が深く、融通無碍な場所

釈 ナビゲーターのおふたりにお尋ねします。あらためて、熊野の魅力はどんなところにあるとお考えでしょうか。

辻本 京都から上皇が来たら、多ければおつきも含めて三〇〇〇人ぐらいになるんですよね。その集団を土地の人が接待するわけでしょ。たいへんな労力が土地の人にはかかってくる。

それこそ宿泊場所、食料、接待……。でも、じつはそういう実態があまりわかっていないんです。

釈　史料が残ってないんですか。

辻本　人数くらいはわかりますが、ほとんどないですね。ただ、受け入れているのは間違いない。道普請とか、そういうことも必要だったに違いない。

釈　つまりそうした懐の深さと巨大な聖地システムが熊野の魅力だということですね。森本さんはいかがですか。

森本　やっぱり融通無碍なところじゃないですか。

釈　融通無碍ですか。

森本　熊野についてはこれまで多方面から研究されて、歴史史料があるものもあればないものもある。だからどこまでが真実で虚偽なのか、あるいは後付けの事実なのか、ボーダーがはっきりしない。でもそれが逆に僕にとっては魅力ですね。

釈　ああ、そういうことですか。そういえば熊野はボーダーレスですね。無境界というか。「ここから聖域です」といわれても、生活している場所と地続きでしたから。やっぱり熊野は正体不明で奥深い。

内田　住んでいる方がそういうんですからね。僕みたいな東京生まれの人間なんて、伝統文化もないし、祭祀もない、方言もない、食文化もない。そういった伝統のまったくない場所で育った人間から見ると、こういうふうに文化的に濃密な場所で生まれ育って生活している人って、いったいどれほど世界と自分との間に共感性があるのかと思うと、ちょっと想像できないですね。

釈　きっとこの土地特有の習慣や俗信がたくさんあるんでしょうね。では内田先生、武道家の目から見て熊野はいかがですか。

内田　空気の密度が濃いですね。ちょっと粘り気もある。本宮大社のほうはちょっと空気が冷たい感じがしました。あそこはわりと父性原理的な空間なんでしょうね。そして、旧社地の中州のほうが母性原理的な空間。

釈　母性回帰のイメージがむくむくとわいてきます。

内田　おそらく山と中州は本来、対になっていたんでしょう。だから中州が流されたら、山に移築しようということになったのかもしれない。

釈　ああ、そうかもしれないですね。今回、我々の巡礼では新宮の速玉大社には行きませんが、本宮と新宮の対照性といいますか、相関関係はどうなんでしょうか。

森本　地域的には新宮と本宮の関係ってあんまりよくないんです。商業都市として発展してきた新宮の背景には、熊野川沿いの山林が生み出す富があったんです。ですから、本宮の人たちにとっては、搾取というと語弊があるんですけど、新宮に富を吸い取られているという感覚があるように思います。だからあんまり関係がよくなくて、市町村合併のときに、本宮町は新宮市ではなく田辺市と一緒になった。

釈　地元ならではのお話ですね。

辻本　いま、いわゆる熊野三山は行政的にはバラバラなんです。新宮市と那智勝浦町と田辺市。

釈　けっこう分断政策にやられていますね。

内田　ひどいですね。これは、かなり意図的です。

釈　熊野が団結すると手強いので分断しろということもあったのでしょうか。

内田　「大逆事件」の話もされてましたけど、熊野は中央政府から歴史的に危険なパワースポットとして認識されてたわけですよね。

釈　実際に軍事的にも強いときがあったみたいです。

森本　まず、中世から近世にかけての水軍力、そして熊野三山を背景とした財政力もありました。各地から喜捨されるので、新宮にも本宮にも、大名に金を貸す金貸しまでいたんです。それに海の道を通って当時の江戸の流行や新しい文化もどんどん入ってくる。先進性もある、モダニズムもある。

釈　高い思想性も持っていた。

森本　とくに明治の末期から大正にかけて全国的にモダニズムが広がり、自由主義が広がりつつあった頃は、ここで熊野を叩いておかないとヤバイなと思った人はいたでしょう。

内田 僕の同僚で日本中世史が専門の真栄平先生という方がいて、和歌山のあたりでフィールドワークをされているんですけど、古い庄屋の蔵を調べていると、鎖国しているはずなのに、上海やルソンからの輸入品があるそうです。文書史料もたくさんあって、実際には世界情勢について熊野あたりの人たちはかなり詳しく知っていた。実際に民間レベルでかなり頻繁に海外との交流が行なわれていたようなんです。

森本 鉄砲伝来は種子島で、そこで複製をつくりましたが、その複製がはじめに本土に伝わったのは堺と紀州藩です。鉄砲を初めてつくったのが種子島の島主だった種子島時堯《たねがしまときたか》ですが、彼はやっぱり熊野三山の信者でした。

釈 そこにつながりますか。

内田 そういえば雑賀衆《さいかしゅう》*22ってこちらに落ちのびてきてるそうですね。そうか、なかなか怪しいですね。

釈 ううむ、怪しい。話がどんどん怪し気な方向へ横すべりしていきます。今日はこのあたりでとめておきましょうか。明日も楽しみです。

*1 後白河法皇（一一二七〜一一九二） 平安後期、第七七代天皇として即位したが、崇徳上皇と対立、保元の乱が起きた。二条天皇に譲位後は、三十余年、五代にわたって院政を行なう。一一六九年に法王。造寺・造仏を盛んに行なうなど仏教を深く信仰した。熊野御幸は歴代最多の三四回を数える。

*2 土佐坊正尊（一一四一？〜一一八五） 平安末期・鎌倉時代前期の僧・武将で、土佐坊昌俊のこと。源頼朝と対立した義経の追討に応じるが失敗に終わり、六条河原で梟首。「正尊」は能の登場人物としての名前。

*3 藤原惺窩（一五六一〜一六一九） 江戸時代初期の儒学者。相国寺で禅学に励む。のちに朱子学を究め、徳川家康に重んじられる。近代儒学の祖といわれる。

*4 林羅山（一五八三〜一六五八） 京都で生まれ建仁寺で学んだのち、藤原惺窩に朱子学を学ぶ。徳川家康から四代にわたり侍講を務める。法号は道春。

*5 『日本霊異記』 正式には、『日本国現報善悪霊異記』で、平安時代初期につくられた日本初の説話集。因果応報などにかかわる仏教説話を記している。

*6 イオマンテ 神が仮装して人間界に現れたとされるヒグマなどの動物の魂（カムイ）を神々の世界に送り返すアイヌの代表的儀礼。

*7 役小角（生没年未詳） 飛鳥時代から奈良時代に、大和の葛城山にいた呪術師。平安時代に密教的側面と山岳信仰が習合していき、修験道の開祖と見なされるようになった。

*8 回峰行 比叡山で行なわれる天台宗の修験行。平安時代の相応和尚を始祖とする。無動寺を起点として、一日山中を歩き回る。距離を増していき、千日目に京都御所で終了するため、千日回峰行ともいわれる。

*9 道成寺 和歌山県日高郡にある天台宗の寺。安珍清姫伝説で名高い。寺宝として『道成寺縁起』がある。

*10 オルフェウス ギリシャ神話に登場する詩人・音楽家。古代に隆盛した蜜儀宗教「オルフェウス教」の始祖とされる。亡き妻を取り戻すため冥府に入る話で有名。

＊11 「熊野懐紙」 鎌倉初期、後鳥羽上皇の熊野御幸の途上で催された歌会で、上皇および廷臣が詠じた和歌を記した懐紙の総称。

＊12 宇多法皇（八六七〜九三一） 菅原道真を起用して、藤原氏をおさえて弊害を改めることに努める。この治世を「寛平の治」という。八九七年に譲位。

＊13 花山法皇（九六八〜一〇〇八） 天皇として荘園整理などを行なうが、中宮の死を悲しみ、また藤原兼家らに欺かれたため、花山寺（現・元慶寺）で出家した。退位した法皇は熊野詣や西国三十三所巡礼などを行なった。

＊14 『熊野御幸記』 一二〇一年に後鳥羽上皇の熊野御幸に随行した藤原定家（一一六二〜一二四一）の旅行記。熊野詣の代表的な史料。

＊15 熊野諸手船 『記紀』の「出雲の国譲り」神話の中に登場する多数の櫂を持つ船のこと。

＊16 天の鳥船 神が天を移動するとき乗ると考えられている船。

＊17 ニライカナイ 沖縄県や鹿児島県奄美群島において海の彼方などにあると信じられている理想郷。

＊18 『サン・ジャックへの道』 二〇〇五年公開のフランス映画。監督・脚本はコリーヌ・セロー。

＊19 『銀河』 サンティアゴ・デ・コンポステーラを目指す貧しい巡礼者が、地理的な旅だけでなく、キリストやサド侯爵などと邂逅する。それら挿話は、すべて古今のキリスト教異端事典から引用し脚本がつくられた。監督・脚本はルイス・ブニュエル。一九六八年公開。

＊20 行基（六六八〜七四九） 奈良時代の僧。諸国を巡り多くの寺院を建立するほか、貧しい人々のために橋や堤をつくるなど社会事業を行なったことで知られる。のちに聖武天皇の帰依を受け、東大寺や国分寺の造営に尽力。

＊21 明恵（一一七三〜一二三二） 鎌倉初期の僧。華厳宗中興の祖。

＊22 雑賀衆 戦国時代に鉄砲組を主とした強力な軍事力を持った地縁の本願寺門徒による一揆集団。石山本願寺の戦いで織田信長を苦しめたが、一五八五年に豊臣秀吉との戦いに敗れ、壊滅した。

chapter 2

2日目

なぜ人は熊野に惹かれるのか？

Map

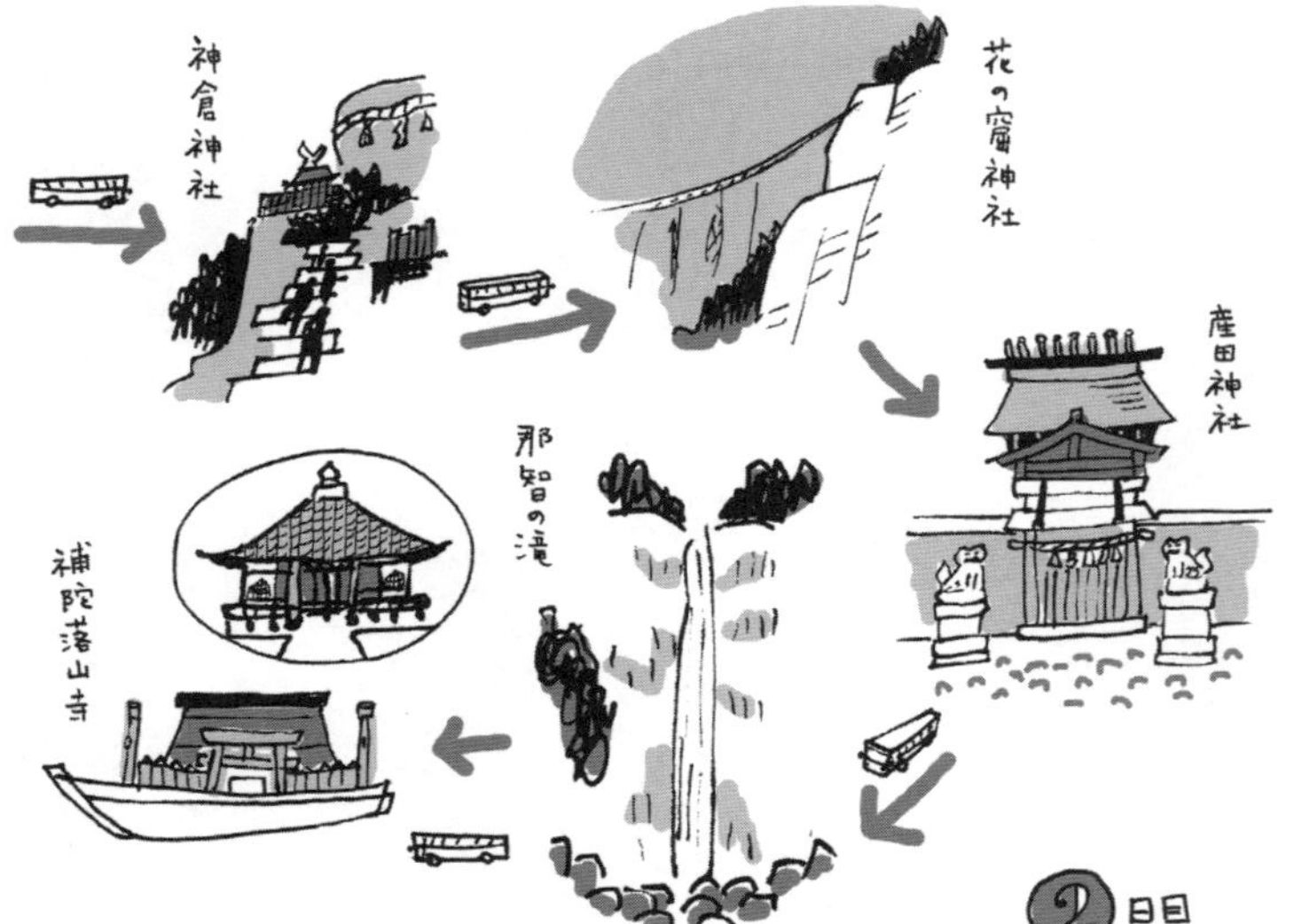

神倉神社

←

花の窟神社

←

産田神社

←

那智の滝

（那智大社・青岸渡寺）

←

補陀落山寺

神倉神社

神倉山と「お燈《とう》祭り」

釈　そろそろ本日最初の目的地、神倉山が近づいてきたようです。このあたりは海に近いはずですが、周囲は急な山ばかりで、なだらかな山があんまりないですね。

内田　どこだろう。神倉山ってあれですかね。

釈　おおー、カッチョイイ。

内田　うーん、あれは登るのが大変そうだ。

森本　神倉神社では毎年二月六日に「お燈祭り」という火祭りが行なわれることでも有名です。祭りの当日夜八時頃に山頂の門が開くと、御神火を持った「上《あが》り子《こ》」が、あの石段を一斉に駆け下りる。その様子を下のほうから見るとちょうど「下り竜」に見えるというので、新宮節に「お燈まつりは、男のまつり、山は火の滝、下り竜」と唄われてもいます。

釈　男の火祭りなんですね。

神倉神社で行なわれるお燈祭り（提供：新宮市観光協会）。

森本　祭り当日、女性は入れません。ただ参道にぎっしりと女性たちが陣どって「何とかク〜ン」って黄色い声がかかる。「いつも会っているんだから、わざわざ呼ぶことねえだろ」ってよそから来た人はいうんですが（笑）。

釈　いやいや。女の人がいるから男は真剣に祭りをやるんですよ。

内田　どんな神様を祀っているんでしょう？

森本　祭神は天照大御神と高倉下命《たかくらじのみこと》です。高倉下命は熊野の豪族で、神武天皇が東征で熊野にやってきたときに神剣を奉り、勝利へと導いたとされています。おそらく山人系の産鉄集団だったんじゃないかと。

釈　ははあ、山人系ですか。

森本　一方で町田宗鳳さんが『エロスの

国・熊野』で記されていますが、「高倉」とは穀物貯蔵庫で、即ち高倉下は、宗教的経済的実権を持った平地民の豪族。ほかの山地民族との間に抗争があって、東征してきた海洋民である神武と手を結んだと。

釈 なるほど。やはり熊野は山人と海人の結節点なんですね。九州から北上してきた渡来系の海人と、この紀伊半島にいた山人が手を組んで大和の地を征服する。海の道、川の道ですね。そういえば昨日の法話でお話しした教信。彼が庵を結んだ加古川にも「加古の厩《うまや》」というのがあって、そこも海上交通の拠点になったんです。こちらは瀬戸内ルートを通った海人ですね。大阪へと入っていきます。一方、黒潮ルートがある。高知のほうから紀伊半島へとやってくるルートです。

熊野と鍛冶職

釈 さて、こちらが神倉神社の入り口ですね。森本さん、ここであらためて神倉山について、巡礼部の皆さんにご説明いただけますか。

森本 わかりました。まず、神倉山の山頂には神倉神社があります。現在は熊野三山のひとつ、速玉大社の摂社になっていますが、じつは神倉神社のほうが歴史が古く、速玉大社の元宮だともいわれます。石段は「鎌倉積み」または「鎌倉造り」と呼ばれるもので、源頼朝が寄進したと伝えられています。五三八段ありますが非常に急峻です。ただ、途中には「中の地蔵」といわれる平地もあります。もともと神倉山は山岳修行の場でもあり、中の地蔵と山頂のゴトビキ岩にはかつて修験者たちが願掛けをする御堂があったとされています。

またおそらく、神倉山ははるか遠い昔、漁労に携わる人にとって、「山立て」のひとつでした。釣りやダイビングをする人はわかると思いますが、山立てとは沖合から自分の位置を知るための陸地の目印、ランドマークのことです。

神倉山の山頂には、ご神体のゴトビキ岩と呼ばれる巨大な岩があります。「ビキ」というのはヒキガエルのことで、ちょうどカエルが鎮座しているようにも見えます。ゴトビキ岩は男根のようにも見えることから、この次に行く予定の花の窟《いわや》神社の御神体（窟は女陰の形をしているように見える）と一対のものだといわれています。

辻本 ひとつ付け加えますと、頂上に昔は京都の清水寺のような、張り出した舞台がありました。お燈祭りは、本来はその舞台に上り子を閉じ込めて煙で燻したんじゃないかともいわれていますが、舞台はもうなく、石組みの跡だけは見られます。

舞台は焼けたという説と廃仏毀釈で壊したという説があります。僕らが子どもの頃までは山の下で遊んでいると所々、木片が落ちていましたね。今日はちょっと天気が悪いですけど、新宮の町と熊野灘が上からよく見えます。

森本 戦前、天狗が出るなんていわれていて、神倉山は一般人の入山が禁止された聖域でした。推測ですけど、やっぱり産鉄系の集団がこの山にいて、元来はたたら場だったんじゃないかと。私の父親によると、戦前まで葬列がこの近くを通るときは棺桶を担いだまま走ったそうです。神倉山に住む天狗に遺体を盗られるという言い伝えがあったらしいんですね。伝承によれば、金属を扱う山人たちは遺体の取り扱いが里人と違う。遺体をグツグツ煮え立っている金属に入れることによって化学反応が起き、加工がしやすくなるというんです。

内田 えっ、ほんとですか？

森本 遺体が含むカルシウムやリンなんかの影響で加工がしやすくなるという説があるんです。そこから派生して遺体を盗まれるという伝承が生まれたのかもしれません。もちろん、確認のしようがないのですが。

釈 ものすごい伝承だなあ。遺体を奪うなんて妖怪の火車[*1]みたい。特殊技能民への畏敬と偏見からきているのかな。あるいはネクロフィリア[*2]か。遺体処理にまつわる伝承なのでしょうね。

　神武東征の際、神武天皇はまず河内のほうから大和を攻めましたが、阻まれます。次に海を回ってこの熊野のほうから上陸し、土地の豪族の協力を得てもう一度大和に攻め入り勝利をおさめるわけですが、それに協力したのが高倉下命です。

森本 はい。先ほど高倉下は平地民族という説をご紹介しましたが、産鉄に関わる山人の一部族だったのとの説もあります。

辻本 たしか新潟の弥彦山を神体山として祀る弥彦神社[*3]も高倉下命を祀っていますね。

釈　弥彦山ですか。そこも軍事や鉄と関係がありましたね。

辻本　あと、那智の補陀落山寺の隣にある熊野三所大神社の摂社には丹敷戸畔命《にしきとべのみこと》が祀られています。神武東征の際に戦って敗れたとされる熊野の人物で、男性か女性かもよくわかっていません。最近では女性の首長という説が有力なようですが。丹敷戸畔命は神武と戦い、一方、同じ熊野の高倉下命は神武側について、八咫烏に先導されながら大和へと攻め入ったわけです。

森本　夢のお告げで「布都御魂《ふつのみたま》」という宝剣を倉から見つけ、それを神武天皇に捧げるのが高倉下命です。お燈祭りには、まさかりを担いだ神官も登場します。そのまさかりは高倉下命を象徴していて、かつ金属神を象徴しているのではないかといわれているんです。神官は日頃はふつうの仕事をしている方で、三つの家が代々その役を順番で行なっていました。現在は津越家のみ残っています。だから、その家がないとお燈祭りができないんです。

辻本　熊野新宮にはかつて新宮鍛冶と呼ばれる集団がいて、鍛冶職がかなり盛んでした。最近までの元鍛冶町や新鍛冶町の地名に名残をとどめています。

釈　鉄がとれたことは間違いなさそうですね。神道では、神を天津神と国津神とに分けますでしょ。いまのお話から類推すると、やはり天津神は神武と共にやってきた渡来系で、それを迎える国津神が土着の神だったのでしょう。双方が折り合いながら融合していったのですね。

あ、あちらが石段の登り口ですね。

内田 こりゃすごい。

釈 ほんま、垂直に見えますね。

辻本 登るのはまだいいんですけどね、下りが怖くて、大変ですよ。

釈 あの杖をお借りしましょう。いや、これはほんとにすごい石段だなあ。

森本 ちなみに新宮高校野球部はここを毎日三往復ぐらいしていますよ。

内田 三往復!? さすが高校球児、こういうところで足腰を鍛えているんだ。たしかにこれは下りるほうがつらそうだ。

神倉神社の登り口。

森本 新宮高校合気道部も裸足でここを三往復ぐらいしていますね。

釈 合気道部、やるなあ。

森本 下りで足がすくむときがあります。お燈祭りのときは、ここは真っ暗闇になるんで、松明の灯りだけを頼りに下りて行きます。

釈 恐ろしい祭りやな。

辻本 中の地蔵まで登れば少し平地にな

神倉神社の急な階段を登りはじめる著者と巡礼部。

ります。そこまで登って休憩しましょう。

釈　わかりました。

縄を巻いた瞬間から神となる

森本　皆さん、ここが中の地蔵です。昔はここに御堂があって、明治の末頃までは行者の代表が精進潔斎して籠もったというのは、先ほど申し上げました。お燈祭りの当日は神倉山から湧き出す水を飲んで元気を取り戻し、中の地蔵で火をおこす。その火を麓で待機する上り子に渡し、上り子たちが今度は石段を登って頂上まで行くのが本来のお燈祭りでした。でもいまは頂上で火をおこし、大きな松明を持った「介錯《かいしゃく》」と呼ばれる祭りの執行役が下りてきて、この中の地蔵に待機する上り子に火を渡すように変わっています。

「休憩地」である、中の地蔵の前でナビゲーターの森本さんの話を聞く巡礼部。

釈　ここに上り子たちがいるんですね。

森本　ええ。ただ頂上で待機する上り子もいます。そしてこの中の地蔵でもらった火を頂上へ持って上がるのを迎火《むかえび》といいますが、全員が登ったら介錯は、頂上にある大きな門を一度閉める。そこにみんなを押し込んで、燻して、午後八時になったら開門し、そこから一斉にダーッと駆け下りる。白装束の上り子が一斉に駆け出すので、射精の瞬間だという人もいるんです。

内田　何でもいえそうですね（笑）。

釈　でも、それで火の列、すなわち下り竜ができるわけですね。

森本　偽火《にせび》というのもあって、だいだい毎年現れる、文化人類学的にいえばトリックスターですね。別に誰がやると決まっているわけではなく、待ち切れなくなったおバカな調子のいい奴が、持参したマッチやライターで火を点けてしまう。

釈　勝手にはじめてしまうのですね。

森本　もちろん見つかり次第、制裁を受けますが。また、お燈祭りの上り子は、白装束に三、五、七の縄を巻いて参加しますが、縄を巻いた瞬間から「神様」になります。つまり、本物の無礼講になるんです。誰に対して何をいってもOK。上役に文句をいおうが、社長に文句をいおうが、家の前の看板を壊そうがOK。お燈祭りが「喧嘩祭り」といわれるのは、そのせいでしょう。だから逆に、その日は督促のきつい飲み屋とか、そういうところはお店を閉めちゃう（笑）。ただ、いままでは上り子は「神様」ですから、振る舞い酒もあって、周辺の人はご機嫌を取ってくれたわけですが、警察からのお達しで飲酒禁止になってしまいました。

内田　あ、雨が降ってきましたよ。

釈　けっこう降ってきましたね。

森本　先を急ぎましょう。あと半分ほどです。

釈　自然石の岩盤だ。まるごと岩だ、この山は。それにしても熊野川の周辺の山って、ほとんど岩ですね。岩盤の上に薄い皮膜のような土があって、そこにやっと木が生えている。ひと皮むけば岩が出てくる。

内田　たしかにそういう場所が多いですね。昔は鉄がかなり採れたんでしょうね。

釈 鉄だけでなく水銀もでしょう。このあたりは「丹生《にう》」という地名が多いですから。

巡礼部 丹生都比売神社《にうつひめのじんじゃ》*4の丹生ですか？

釈 そうです。昨日バスの中でお話ししたように、丹生って朱砂のことで、そこから水銀が抽出できるんです。丹生の「丹」という字は朱色という意味ですから。

二〇〇〇人を煙で燻す

内田 祭りに参加する人たちも精進潔斎をするんですか？

森本 はい。上り子は、祭り当日は豆腐とか大根とか、白い物しか食べませんね。

内田 なるほど。それにしても真っ暗な中、この石段を駆け下りたら、転げ落ちる人もいるでしょうね。

森本 ええ、尻もちはザラですね。ただ、お燈祭りで怪我をしたっていうのは恥なので、みんなあんまりいわない（笑）。ちなみに私はお燈祭りの日、ここで落ちましたね。介錯があわてて飛んできましたけどね。あ、これが門です。

内田 この中に閉じ込められるんですか？

森本 はい。約二〇〇〇人。

内田 二〇〇〇人！

森本 当然、喧嘩も起こります、意味もなく。

神倉神社の門。ここから本殿まではもう少し。

内田 そうですよね、「熱いよ、この野郎」とか。ここで火を点けるんですか？

森本 ええ。大松明にご神火を点けて、火には一切触らせないようにして道を開けさせて中の地蔵まで下りて、そこで火を分けます。

内田 それで今度は上り子が火を持ってまた登ってくる。その間、二〇〇〇人はどこにいるんですか？

森本 ここで待機です。ずっと。

内田 待っている？

森本 はい。いまのお祭りは二月六日ですけど、もともとは旧正月の元旦にやっていました。ということは、我々にとっては一年で最初の火ということになります。それを無言のまま家に持ち帰って竈に入れ、神棚に供える。

内田 なるほど。

辻本 あれがゴトビキ岩です。ゴトビキとはこの地方では大きなガマガエルの意味ですね。

釈 あれですか。たしかに向こうに海が見えますね。熊野灘かあ。なるほど、そこから見たらこの岩はまちがいなくランドマークですね。あれが熊野川の河口？

辻本 そうです。あちらはもう三重県です。

釈 すごい場所ですね、ここは。海と川と山が同時に迫ってくる。

辻本 この桜のあたりが清水《きよみず》のような舞台があったといわれている場所です。

釈 むかし、風葬していたっていうことはないですか。風葬か鳥葬。

辻本 それはちょっとわかりませんね……ただ、熊野は巨岩信仰が多いんですよ。ここもそうですし、次に行く花の窟神社もそうです。

縄文の香り漂う祭り

釈 これが神倉神社ですか、ここも立派な社殿ですね。

森本 この社殿は昭和四年頃に建てられましたが、以前のものはもっと海を向いていたんじゃないか、という人もいます。ちなみに、御神火を点ける神事はこの社の下の岩の間で行ないます。松明の素材は必ず檜です。檜は「火の木」からきているという人もいます。

釈 「火の木」ですか。そうか。

神倉神社の本殿。桜の木の向こうに巨岩が見える。

森本　哲学者の梅原猛さんは、縄文の香りが残る日本三大祭りのひとつにこのお燈祭りを挙げています。ほかは、諏訪大社の御柱祭と青森ねぶた祭りです。誰でも参加できる祭りというのが、縄文の特徴であると。

釈　それが縄文文化の特徴なのかな。いずれにしてもここの祭りのルーツはすごく古いのでしょうね。

森本　また、非常にシンプルであるという点もそうですね。ちなみに『新ウイルス物語』という本を書かれた医学者の日沼頼夫さんは、縄文の色が残る土地は風土病が共通するという説を唱えています。その風土病とは成人型白血病のこと。沖縄、北海道、そしてこの熊野も多いんです。

釈　それは梅原説の裏付けになりそう。梅原先生は以前から「先住の縄文人たちは後

神倉神社から見た新宮市街。

からやってきた弥生人たちに排除されて、端っこ（北海道と沖縄）に追いやられた」と主張されていましたから。ただ現在の研究では、縄文系と弥生系は思ったよりも争うことなく共生していたことがわかってきています。

内田 熊野って縄文人なんだ。そういえば、神倉の「クラ」って憑代のことですよね。

釈 ええ。ここはまさに磐座です。字は「座」になります。神倉は神座のことでもあるのでしょう。

内田 当然、あの頂上のゴトビキ岩が憑代ということですよね。

釈 はい。

内田 それにしても、このスペースに二〇〇〇人を詰め込むって、すごいよね。

釈 しかもこの急な石段を走って下りるっ

てちょっとありえない。いちばん急なところは斜度四〇度くらいあるんじゃないですか。危険すぎる。現代社会の常識は通用しませんね。

辻本 高校生とかだと一位を争って思いっきり走ります。むかしは米何俵もらえるなどの賞品もあったらしいです。

内田 高校生ってほんとに馬鹿ですね、自分もそうでしたけど。

釈 高校生のときは……馬鹿なことばかりやっていたように思います。

内田 しかも疲れを知らない。僕の合気道のお師匠の多田宏先生は五〇歳ぐらいまで、みんなが「疲れる」っていっている意味がわからなかったそうです。五〇歳ぐらいのときに、「あ、疲れるって、この感じのことかな？」と初めて思ったという。

釈 そんな人、世の中にいるんですね。

内田 さて、そろそろ下りましょうか。

森本 気をつけてくださいね。ゆっくり、ゆっくり。下手に遠くを見ないほうがいいですよ。ちなみに、お燈祭りをいちばんで駆け下りる人は四年連続で同じ人で、隣町の勝浦消防本部の職員です。

内田 そうか、消防士か。

釈 それにしてもこれは行者が喜びそうな石段だな。こういう地形だと、修行者独特の身体的法則なんかがありそうですね。ちょっと修道院が建てられる場所にも似ています。

内田 みなさん、下りきるまで気を抜いたらあかんよ。

森本 この石段、八〇歳、九〇歳になっても好きな人は登りますね。下はもう歩き出した幼児から、お父ちゃんが背負ったりしながら。

釈 そういう意味ではたしかにここは開かれた場所ですね。しだいに縄文の感性がわかってきました。ああ、やっと、階段の終わりが見えてきました。なんとか無事、下りることができそうです。

陰陽との関係

釈 さて、神倉神社を出て森本さんの後をついて歩いているわけですが……。おや、こんなところに鳥居がありますね。

森本 ここは妙心寺といって、いまは無住のお寺さんなんですけど、お燈祭りには欠かせません。祭りのときは三社参りといって、上り子は家を出発してから阿須賀神社、速玉大社、そしてこの妙心寺にお参りしてから神倉山に登る。こちらを代々管理されているのは妙心寺さんという一族ですが、そのお孫さんは世界的なバイオリニストです。まだ若いんですが、演奏は鬼気迫る感じです。

釈 それにしてもこのお寺は伽藍があんまり残っていませんね。御本尊を拝見してもよろし

妙心寺。

いですかね。どれどれ……あ、これは神社だ。妙心寺という名前が付いてはいますが、ここは神社ですよ。

お寺の由来が説明板に書かれていますね。なるほど、このお寺は熊野比丘尼の拠点だったのか。鎌倉時代に法燈《ほっとう》国師[*5]のお母さんが入寺したとも書いてあります。勧進聖のお寺だったんですね。そうかあ、こんなに寂れて、ちょっと残念やなあ。住職が誰もおられないとは。

内田 比丘尼というのは尼僧のことですよね。

釈 はい、そうです。ただ、熊野比丘尼の場合はのちに芸能民に近い存在になっていきます。中でも得意としたのは絵解きです。熊野三山を描いた掛け軸を吊り下げて、そこで熊野の物語を語りながら布教しました。

楽器を使って歌などもうたったのですが……あ、そうか、そのバイオリニストと熊野比丘尼は共通点があるのかもしれません。

内田 なるほど。つながりますね。

釈 トランス状態で演奏するタイプの人なんでしょ？

森本 そうです。演奏中は顔つきが全然違いますから。

釈 つながりましたね、これは。

花の窟《いわや》神社へ

瞑想装置としての石段（バスの中で）

釈 神倉山は今日一日のテンションを上げるのには最適の場所でした。

内田 ええ。三輪山もそうでしたが、山に登るのは身体を素にする点で非常に良いですね。禅でも脚下照顧[*6]といいますが、呼吸をリズミカルに整えて、足下だけを見ることは、余計なことを考えないためでしょう。自分の内側へ内側へと入って行って、足裏とか膝とか、そういう細部に精神を集中すること、それ自体が一種の瞑想になる。

釈　そういえば禅の和尚さんに「意識を下へ下へとさげていく」技法を教えてもらったことがあります。頭頂部からはじめて、鼻、胸、お腹を進み、足裏まで意識をさげる。

内田　瞑想法にはいろいろな技法があります。たとえば合気道は「動く瞑想」です。手や足の動きを細かく割って、身体の細部に集中する。そうすると、自我とか主体性とか、喜怒哀楽の感情や心配事まで全部消えちゃうんです。細胞には自我なんかありませんからね。身体の細部の、それも随意筋で操作できないような細部に集中するとしだいに瞑想状態に入る。急な階段を上り下りさせるというのも、効果的な瞑想法なんじゃないですか。

釈　神倉山もそうである、と。

内田　だって、もう瞑想せざるを得ないでしょ。

釈　一種の装置となっている。

内田　子どもでも老人でも、みんな瞑想する。宗教的な訓練を受けていない人でも、あの急な階段を歩くことで瞑想状態に入る。

釈　あの階段自体が誰もが参加できる祭りの根源なんでしょうね。あの階段を通ることで、誰でも祭りにチューニングを合わせることができる。祭りにシンクロしていく。

内田　軽いトランス状態に入るための装置でしょうね。たぶん、ああいう急な階段だったら、一五分とか二〇分という短時間で、平地を二時間集中して歩いたくらいのトランス状態に入れるんじゃないですか。あの階段は、登るときはまだしも、下りるときなんて、ほかのことを考えていたら絶対に下りられませんよ。人間の思考資源って一定量しかないから。足裏の感覚に集中しながら携帯で株の売り買いとかできないでしょう。

釈 そうですよね。トランス状態でないとあの階段を駆け下りるなんてできそうにありません。それにしても、足裏まで意識を下ろせる装置とは、すごいなあ。

内田 足裏に意識を戻していくのって、すごく大事なことのような気がするんです。だから摺り足もそうだし、階《きざはし》を細かく上ったり下りたりするのも、足裏の意識を高めるための技法なんじゃないかな。先日、松江城の天守閣に登ったんですけど、昔の人は身体が小さかったとはいえ、あの階段の斜度は神倉山の階段に近かったです。

釈 段と段とが小刻みになっているのですか？

内田 そう、小刻みで角度が急なんです。お城勤めの人たちは、そこを一日に何度も上がったり下りたりするわけでしょう。途中、梁があるところでは身をかがめてその下を潜らないといけない。足裏を含めて全身の感覚を研ぎ澄ましていないと仕事にならない。それに、下から登っていくと天守閣に近づくにつれて、だんだん空間が狭くなっていきますが、それが最上階でいきなり三六〇度のパノラマが広がる。それまでは「出し惜しみ」をしているんですね。これは石段や坂の上で一気に風景が開けるのと同じ仕掛けですね。城郭建築はもちろん軍事的な意味もあるんでしょうが、そこで暮らす人の身体感覚の感度を高めるための訓練の装置でもあったんだと思います。

釈　ははあ、そういう視点で建築物を考察すると面白そうです。そういえば神倉山はかつて頂上に舞台があったそうですけど、何に使ったんでしょうね。死体遺棄に使ったわけではなさそうです。宗教儀礼および行場でしょうか？

内田　崖にせり出すものをつくるっていうのは、そこから「下を見ろ」ってことでしょ？「あなたの足下に開いている奈落を見なさい」ということなのでしょう。死を想えですから、やっぱりこれもかなり宗教的な装置ですよ。

釈　地形と建築物との組み合わせによるシステム。

内田　宗教的な覚醒装置なのかな。

釈　それにしても神倉山は後を引きますね。しばらくするとまた登りたくなってしまいそうです。近所に住んでいたら登るでしょうね、ときどき。

内田　そうでしょうね。近所の人なら一日一回登りたくなるでしょうね。構成がほんとうに上手いです。ちょっとキツイなと思うと、スッと平地が現れるし。

釈　中継地は絶妙です。しかも到達した頂上に巨石があるというのがカタルシスを起こす。

内田　あれは湯殿山のご神体にも、ちょっと通じる感じでしょう。

釈　そうか、そうですね。

内田　自分の身体でご神体に直に触っているような感覚ですからね。

古代熊野と朝鮮

森本　以前、韓国の時代劇を観ていたら、喪主が白装束を着て、頭に同じ木綿頭巾をかぶって身体に荒縄を一本巻いている。お燈祭りに近いなと思ったことがありました。お燈祭りでも、夕方のある時間を境に突然、白装束の荒縄を巻いた男たちがゾロゾロ集結してきます。毎年お燈祭りに参加されていた俳優の原田芳雄さんは、祭りの白装束を時代劇の鎧下《よろいした》とそっくりとおっしゃっていました。

内田　朝鮮と日本で同じ装束なんですね。なるほど。

釈　古代の熊野だと、東北や北海道よりも朝鮮半島のほうが同じ国のイメージじゃないですかね。海路でつながっている感覚があって。

内田　熊野を中心として、到着に要する時間で地図をつくっていくと、実際とはかなり違う歪んだ日本地図ができるでしょうね。うっかりすると房総とか高知とか沖縄とか、そっちのほうが京都や大阪よりも感覚的には近いのかもしれない。

釈　国東半島とか隠岐とか、半島と離島の共通メンタリティがあったりして。それにやっぱり日本列島はかなりカーブしていますから、南北と東西の文化圏の相違が錯綜しているんじゃないでしょうか。北部と南部だと宗教風土がかなり違います。

内田 違いますよね。そういう地図がありますけれど、南北を引っ繰り返すと日本海がたしかに「湖」に見える。その岸に、松江とか敦賀とか直江津とか酒田といった港がきれいに一列に並んで、日本海という「湖」に向かって開いている。そのことがはっきりわかりますよね。

釈 敦賀や酒田ですか。今回は太平洋側を歩いていますが、何とか日本海側もほめたたえたいところです。

内田 内田家の菩提寺は山形の鶴岡にあるんですけど、あそこにいま、新しいコミュニティができているんですよ。羽黒山の山伏さんが中心となって、東京から脱サラして来た人が農業やったり、フレンチレストランをやったり、出版したりして共同体を立ち上げている。僕は「町おこし」って言葉が好きじゃないんですが、鶴岡の試みはいい感じがしますね。宗教者が中心にいるというのが、なんか落ち着きがいいんです。

釈 山伏さんが！ それはいい活動になりそうな予感がします。兵庫県の奥丹波で若者を「お蕎麦屋さん」に仕立てていくユニークなコミュニティ活動をやっている人がいます。すごい田舎なんですが、蕎麦街道ができつつある。フェアとシェアにもとづいた活動になっています。もともと仙台でサラリーマンをやっていた佐藤勉さんという方が中心です。

内田 鶴岡の中心人物は星野さんという山伏の方なんです。彼は山伏専業なんですけれど、兼業山伏というか、ほかに仕事があって、ときどき山に入って行をする山伏たちが星野さんの周りに集まって、それが共同体の核になっている。

釈　ただ、ちょっと不安なのが、そういう活動のサスティナビリティ（持続可能性）はどうなのでしょうか。都市の人間の一時的なロマンチシズムみたいなもので終わらないかと……。

内田　もうちょっと見ないとわかんないですね。やっぱり生活基盤が安定しないと持続しないですね。ただ、鶴岡の場合は共同体の求心的な力を形成しているのがビジネスじゃなくて、宗教だということですね。

釈　ああ、そこがキモであるように思います。宗教性が高いか低いか。

内田　羽黒三山参拝のための宿坊が中心にあるんです。宿坊って基本的に無料なんです。寝るのもご飯を食べるのも無料で、その代わり勤行に参加したり、人によっては気持ちだけご寄進する。ほんとうにお金がない人たちは、泊まってご飯を食べて、そのままお金を払わずに帰っちゃってもいいわけです。宿屋じゃないんです。修行の場なんです。

釈　そこが単なるビジネスモデルと異なるところですね。

内田　羽黒の場合は、中心に山伏修行というものがあって、行をする人は受け入れてくれるという形でやっている。真ん中にあるのがビジネスじゃないところが強みですね。僕もできればお手伝いしたいんですけども、なかなかお手伝いのしようがなくて……まあでも、鶴岡は法事で毎年行きますから、何かできることがあれば。

成功するコミュニティ

釈　でも、内田先生がそのことをあっちこっちで語ったり書いたりされるのは、ものすごく応援になると思いますよ。どんな活動も、高く評価する人がいないと持続しないですからね。

内田　メディアに取り上げてもらうと、「ああ、その手があったか」と思ってくれる人があちこちに出てきますからね。こういうのは全国展開すると一気に風向きが変わるんです。

釈　そうか、メディアか。メディアが目を向けてくれると大きな推進力になりますが、メディアに消費されてしまうと持続可能性が低くなる。

また、コミュニティっていうのは、大きくなったら大きくなったで問題がいろいろ起こり、あまり小さいとそもそもの持続力がない。なかなか微妙なものですね。

内田　見ているとわかるのは、成功するコミュニティっていうのは、センターに公共的で開放性の高い空間が確保されていること。その場を守る人がいること。いつ行っても、誰かそこを守る人がいる。そういった開かれた空間と恒常的な守り手がいることが共同的な空間が持続するための条件でしょうね。行ったときにドアが閉まっていることがあると共同体の中心にはなかなかなれないんです。

釈　奥丹波の蕎麦コミュニティの佐藤さんは、もともと蕎麦打ちなんてしたことがない、まったくの素人だったそうです。専門的な修業をしたわけじゃない。だからこそプロの蕎麦屋さんにありがちな物の考え方をしないところが、よいほうに作用したみたいですね。面白いんです。

たとえば佐藤さんのお店では朝五時から起きて蕎麦を打っている人と、一〇時頃にやってくる人と給料が同じなんです。来たお客さんの人数を頭割りして収入を分ける。つまりコミュニティで運営しているのですね。やがて技術を覚えた若者は自分で蕎麦屋さんをはじめる。場の魅力、人の魅力、技術の魅力。そういったものが幾つか組み合わさるとコミュニティは機能していく。

内田 やっぱりいちばん大事なのは継続性ですね。とにかく、この場をつないでいかなくてはならないという強い使命感をひとりひとりが持っていること。現時点での利便性を中心にして共同体をつくっていくと保たないです。利便性で共同体をつくると、もっと便利でもっと効率的に運営されているコミュニティがあれば、そっちに行くから。継続するためにはやっぱり「物語」が必要ですね。共同体の物語。

釈 ほんとうですね。それにつきるのかもしれません。

「物語」の必要性

内田 歴史的にずっとつながってきていて、自分が先代から受け継いだ知識や技術を次世代に伝えなきゃいけないというミッションを持っていないと。中身は実はなんでもいいんです。

とにかく次世代に伝えるものがあるという「物語」が必要なんです。

釈 人に喜々として語れるようなストーリーがあるかどうかが分岐点ですね。

内田 伝えていくものはなんでもいいけれど、全員が共有できる「物語」がなきゃだめなんです。

釈 そうか、蕎麦屋の佐藤さんの場合もフェア&シェアの物語なんだ。そういえば佐藤さん自身が語りネタになっている。ご本人がうれしそうにしゃべっている様子を見ていると、「それじゃ長続きしませんよ」といいそうになるような話も、「そうか、こういうやり方もあったのか」という気に変換されてしまう。

内田 西太平洋のトロブリアンド諸島[*7]で行なわれるクラ交易ってありますよね。赤い貝でつくった首飾りと、白の貝でつくった腕輪を、島から島へと交易する。受け取った人はしばらく手元に置いて、それから隣の島の人にパスする。品物自体に価値はないんです。小さすぎて着用できない装飾品ですから。価値があるのは、その装飾品についての「物語」なんです。それをいまから何十年か前に「あの人」が所有していたことがあるという物語です。日本でもありますよね、これは殿様から拝領した脇差であるとか、陣羽織であるとか。

釈 はい。各地にあると思います。

内田 それってその品物についての物語が面白いわけで、贈与された物自体の価値は副次的なんです。「これについては因縁がある。聞きたいかい？ 長い話になるよ」というきっかけになるということが大切なんです。

釈 わかりました。我々もなんとか日本海側の物語にもっと耳を傾けて、これから積極的に語っていきましょう。

日本海と原発、瘴気漂う東京

内田 日本海側の最大のネックは原発ですね。大陸から見ると、日本海の「湖岸」にずらっと原発が並んでいる。これ、すごく気分が悪いと思いますよ。

釈 そうか、かなり密集している地域がありますね。

内田 韓国が済州島とか釜山に原発を並べていたり、中国が黄海の沿岸にずらりと原発を並べていたら、日本人だって「なんか気分悪い」って思いますよね。原発って、はっきりいって「汚いもの」じゃないですか。引き受け手のいない汚物だから、人がいないところに置くわけですよね。ふつうゴミ箱は家の裏手に置きますよね。日本海岸に原発を並べられたら、日本海の向こう側の人たちは「なんだよ」と思います。日本海岸で原発事故が起きたときの韓国や中国のリアクションは福島原発事故の比じゃないと思いますよ。

釈 大きな原発事故はコントロールできない、それは明白です。場合によっては人が住めない列島になってしまいます。

内田 福島でもう一度大きな地震があったら、福島の原発は収拾がつかなくなるでしょうね。

そのときには、首都圏が居住不能になる可能性だってある。

釈　可能性は低くありません。現にしょっちゅう福島で地震は起こっています。

内田　地震が来たら、また「これほどの地震は想定外でした」といって責任逃れをして、「健康被害はありません」というでしょうけれど、二度目の事故があったら、もう政府の説明なんか誰も信じませんよ。

釈　福島の原発事故によって東京から多くの人材が流出している。関西のほうにもたくさん移住しています。

内田　メディアが報道していないけど、じつはかなり移動してますよ。子どもを産んだばかりの人で、そのまま実家に帰ったという人はかなり多いです。でも、東京を出た理由は原発事故だけじゃない。「東京的なもの」にウンザリしはじめているからです。

釈　東京的なものですか。

内田　六本木ヒルズとかレインボーブリッジとか東京スカイツリーとかミッドタウンとか、そういうのを見るとね、なんだか末期だなって気がするんです。六本木ヒルズには一回しか行ったことないんですけれど、なんか、瘴気漂う空間でしたね。

釈　瘴気（笑）。すごい表現。

内田　気が悪いの。

釈　邪気渦巻く場なのですね。

内田 よくこんなところに住んだり、買い物したり、飯食ったりできるなって、ちょっと驚きました。あそこだって霊的に浄化することはできたんでしょうけれど、そういう装置が何もない。神社仏閣がない。祈りのための空間がない。そういう空間は人間が一定数以上いる場所には絶対に必要なんです。土地に籠っていたり、人間が持ち込んでくる邪気を「リリース」する装置が必要なんです。伝統的にそういうものを放電する人類学的装置は人間が住むところには必ずあったんです。でも、いまの東京の建物には、そういう装置が何もない。

釈 祭りもそうですよね。祭りは蓄積されたものを白紙還元してくれる。

内田 そうやってたまった邪気を流してきたんです。でも、東京は人口は増え続けているのに放電のための装置がもう新しくはつくられない。だから、邪気が祓われずに蓄積している。

釈 そのへんにたまっちゃっているんですね（笑）。

内田 だから、僕は東京の盛り場に行くのがあんまり好きじゃないんです。

花の窟神社と産田神社

伊邪那美が眠る花の窟神社

釈　みなさん、おつかれさまです。花の窟神社に到着しましたので、最初に私が少しご説明をいたします。

『日本書紀』によると、こちらの窟は伊邪那美《いざなみ》の埋葬場所だとされています。ご存じかもしれませんが、伊邪那美は火の神である迦具土《かぐつち》を産んだ際、自らの陰部を焼かれて死んでしまう。ここはその埋葬地であり、季節の花を飾って祀ったことから花の窟神社と名づけられたようです。この花の窟神社には迦具土も一緒に祀られていて、日本最古の神社だとする説もあります。

なお、ここが伊邪那美のお墓だと『日本書紀』の一書にはありますが、『古事記』には出雲にお墓があると書かれています。いずれにせよ『記紀』に書かれていたわけで、日本の文献で初めて「熊野」という名称が出るのは伊邪那美の死についての部分となります。

辻本　じつは昨日私たちが訪れた本宮大社のお祭りは、この花の窟神社の花を飾ったことからはじまったとされています。つまり、ここは熊野の信仰にとって極めて重要な場所で、花の

花の窟神社の入り口。

窟神社がある三重県熊野市は、「熊野四山にしてほしい」と要望していたようですが、実現しなかったということがあるようです。

平安時代に増基法師[*8]が書いた『いほぬし』という紀行文に、この岩場に塔婆を建てていたっていう記述があります。それが実際に最も古いこの場所に関する記述だともいわれていて、そこには伊邪那美の話はでてきません。だからやっぱりここは伊邪那美のお墓というより水葬の場所だったという研究者もいます。

内田 水葬ですか。なるほど。

辻本 こちらの神社では毎年二回、二月と一〇月に御綱掛《おつなか》けという神事が行なわれています。この神事が『日本書紀』の一書の項にも出てくるので、この神社が日本最古といわれる所以なのですが、研究者の中には

『日本書紀』の時代から続いているのではなく、江戸時代に国学が発展した際に復元されたのではないか、という説もあるんです。

釈 どっちが先か特定できないんですね。

辻本 そうですね。御綱掛けというのは、約一七〇メートルの大縄に、季節の花や扇を結び付けた幡《ばん》形を吊し、それを御神体の窟の頂上から境内南端の松のご神木に渡す神事です。

内田 相当な長さですよね。

辻本 その縄を浜から引っ張るわけです。かつては氏子だけでしたが、いまでは誰でも参加できるようになっています。

釈 一般に神事の縄は農耕に関わる性格が強い。いわゆる農地の領域の縄張りや苗代が投影されていたりします。しかし、これは明らかに船の感じがしますね。

内田 船を曳いているんですかね。

釈 そうかもしれません。農耕じゃなくて、海人系の結界。それではさっそく参りましょうか。

内田 はい、行きましょう。

ロゴスはゼロ、パトスのみ

釈 いや、これは、たたずまいのよさが際立っています。ゆっくり歩くとよくわかる。原生林っぽいですし、その向こうがもう海。ここは大した聖性を内含しています。

内田 うん、開放感がありますね。

釈 すごい、すごい。あ、お稲荷さんもあります。

内田 ここはすべて照葉樹林ですね。

釈 ええ、典型的な照葉樹。もともとの熊野は照葉樹文化圏だそうです。あれが御綱ですか。なるほど、あの綱をずーっと海まで引っ張るのか。なんて素敵な神事だ。

内田 それにしても原生林の感じといい、ここはちょっとバリっぽいですよね（笑）。

釈 出た、熊野＝バリ説（笑）。でもたしかにここは南方系の場ですね。先生、あの門をくぐれば窟があるそうです。

内田 そうですか。あら、こりゃすごい。この岩がご神体ですか。

釈 いや、ほんまですね。これは……うーん、特徴的な岩肌です。

辻本 あの岩の上へ登って綱を掛けるんです。ジグザグになっているのが幡形ですね。

釈 「もやい」のイメージですね、船の舳先をつなぎとめる。もやい綱からきたしめ縄。やっぱり海の人たちですよ。あんなふうに編んで吊り下げるのも、漁獲的だし。

内田 どうやって登って行くんですか？ ロッククライミングとかをする人は、やりたがるだろうね、ムラムラと。

釈 うーん、見ているだけで登りたくなる。玉石もあります。

花の窟神社。写真上部に御綱掛けの綱が見える。

内田 この岩は海上から見たら目立つでしょうね。

森本 そう思います。しかも昔は海がもっと陸地に寄っていましたから。さきほどの神倉山もそうですが、ずいぶん近くまで海がきていました。おそらく、隆起したんでしょう。

釈 ここが伊邪那美のお墓、あちらが迦具土ですね。白石がきれいに敷かれてます。

森本 沖縄では火は海からもらうものと考えられていたようですね。太陽は海から昇る。だから火は海の中にあるという発想です。白石はそのシンボルだともいわれています。次に行く産田神社も白石を敷きつめていますけど、おそらくそうした海洋民の物語があったのかもしれません。

釈 石を敷きつめるのは、波のイメージとなりますから。

内田 ここは空気が澄んでいますね。

釈 ええ、静謐という言葉がぴったり。ゾクゾクします。神倉山も花の窟神社もすごいなあ。熊野といえば、とにかく青岸渡寺に行きたいと考えていましたが、やはりこっちに来ないとだめだな。

内田 いや、これはプリミティブですよ。さっきの神倉山といい、憑代感が充満してます。

釈 憑代感、ありますね。ロゴス、ゼロです。

内田 ええ、ロゴス、ゼロ。

釈 パトスのみ。

巨岩を眺める著者ら巡礼部。比較すればその巨大さがわかる。

内田 これは神社をつくりますよね。ふつうの感性だったら。

釈 この地域の人が、「神はいったいどこにやってくるんだ」となれば、みんなが「ここに違いない」って思うでしょう。この繁っている木々といい、憑代の窟といい……。

内田 平地からいきなり直線的に立ち上がっているのがすごい。

釈 不思議な形です。

辻本 ただ、ここも最近、神社らしくなり過ぎました。自然信仰の形態が失われてゆく。昔は賽銭箱もなかったんです。金属製の御幣なんかもないほうが。

釈 かつては単に岩が剥き出しになっている場だったんですか？

辻本 ええ、こういう柵もなかったです。

釈　そのときに来たかったな。いやでも、ほんとうにこの神社の透明感はただごとではありません。昨日川上牧師がおっしゃっていた「かなわん」ってやつです。それでは次の目的地、産田神社に向かいましょうか。ここからほど近いそうです。

神道の原形が残る産田神社

釈　さて、産田神社に到着しました。

辻本　ここは伊邪那美が火の神の迦具土を産んだとされる神社です。産田という名前もそれに由来するとされますね。

釈　立札を見ると、この神社には神籬《ひもろぎ》の跡が残っていると書いてありましたね。神籬とは植物を立てて神を呼ぶ場所で、神道の原形です。学者によっては、神籬が岩を依代とする磐座になり、さらに巨岩になって「ここからは神の領域」である磐境《いわさか》になり、最後に森や社殿になったという人もいます。あるいは、それぞれは系統が違うと考える人もいます。

いずれにしても、古い神事の形態は、神に来ていただくときに神籬をつくり、お帰りになったらそれをまた燃やすというものでした。それが仏教の影響で神道も社殿をつくるようになり、神が常駐する形に変わってゆきます。この産田神社は神籬という神道の原形をとどめているんでしょう。あ、靴を脱いで玉石に上がれるんですか。それでは上がらせていただきましょう。

産田神社。靴をぬいで参拝する。

内田 靴を脱ぐのは、湯殿山でもそうでしたね。

釈 はい。ではお参りさせていただきましょう。

内田 人間って面白いですよね、靴を脱いで裸足になると、裸になったみたいな気がして、すごく敬虔な気持ちになる。全身を緊張させて、そ〜っと歩みなさい、五感で味わいなさいねっていう感じですね。

釈 神域の近くはしばしば玉砂利を敷いていますので、そこはスイスイ歩けない。しかもここは裸足になるので、さらに近づきづらいです。

内田 神社って、どこも階段がありますよね。

釈 本殿に到達するまでハードルを設定し

ているんじゃないですか。

内田 外陣、内陣と分けていたり。ヨーロッパの教会は、街の広場から一歩入ったらすぐですけれど、日本の場合は階段や玉砂利といったものでグラデーションをつけていますよね。この神社の場合は、この玉石がそうですね。足裏で五感を働かせてください、というような。

釈 そういえば、ある現代建築家の話なんですが、日本にいる外国人アーティストのアトリエに案内されたそうです。行ってみると、その外国人は畳の上を靴を履いたまま歩いている。町屋を改造したアトリエで、大家さんに「この畳はもうボロボロで使いものにならないので捨ててくれ」といわれたとのことで。その外国人も畳の上を靴で歩かないのはよく知っているけれど、絨毯代わりに使っていたんですね。

その説明を聞いて、現代建築家は、頭では「合理的だ」と納得したそうです。ところが実際歩いてみると、足がすくむ（笑）。ものすごく身体が抵抗する。畳を靴で歩くことの気持ち悪さは尋常じゃない。自分の中にあれほど抵抗するものがあるとは思わなかったそうです。

内田 わかります。僕も畳の上を土足で上がることってほとんどありませんが、子どもの頃、廃屋探検に行ったら、畳がまだ敷いてあって。土足で畳を踏むときの感じは、「してはいけないことをしている」感じがすごくありました。

釈 はい、同感です。

内田 それはもう。足裏から来ますね。別に痛みじゃないけれど、足の裏から腐ってくるみたいな……。

釈 逆に、このように裸足で玉石をチョビチョビ歩くと、もう何ともいえない。

内田 そうですね。

釈 心地よい、こう生き返る感じがする。

内田 そうですね、浄化された感じがしますよね。

那智大社へ

よいボーダーと悪いボーダー（バスの中で）

釈 我々はこうして聖地巡礼と称してふらふらと移動しているのですが、このような行為に共感してくれる現代人は少なくないと思います。しかし、このような行為をうまく表現するには、すでに手アカがついた「宗教」という言葉では難しい気がして。でも、「霊性」っていう言葉も、どうもイマイチ全体像が伝わらない。熊野のような場所に魅了される心身の感覚をどう言語化していけばよいのでしょうか。

内田 そういうことでいうと、ほんとうに人間というのは二項対立なんですよね。

釈 二項対立ですか。

内田 聖と俗の二項対立。そもそも昼と夜であったり、男と女であったり、善と悪であったり、そういう二項対立の中でしか人間は生きていくことができない。実際の世界はアナログの連続体であって、どこにも境界線なんかありません。でも、人間は境界線を引かずには生きられない。さらにいえば、その境界線にもよいのと悪いのがあるような気がするんです。

釈 人間は何らかの線引きがなければ不安になることはよくわかります。その線引きに、具合のよいものと悪いものがあるのですね。

内田 そう。悪いボーダーというのは、「UFOや霊魂なんてあるわけない」と線引きしてしまう。いわゆる「科学主義」です。科学主義と科学は別物です。科学主義というのは「エビデンスがあるかないか」という二項対立でデジタルに切り分けて、エビデンスがいま示されないものについては、判断を保留するということをしないで、「存在しない」と決めつける態度のことです。硬直しているんです。科学主義の内側にとどまっている限り、科学の進歩なんかないのに。

釈 自分は常に正しい側で、相手は常に間違っているという、いわば排除のボーダーでしょうか。

内田 ボーダーで二項に切り分けるのは人間知性の自然な働きですから、それを止めることはできない。問題は、そのボーダーを生産的な形で活用するか、それを閉じてしまうか、なんです。エビデンスがないとされる現象の中には、計測機器の精度が低いから検知できないものが多数含まれている。だから、テクノロジーが進化すると、「なんだ、やっぱりエビデンスがあったんじゃないか」ということが起きる。そのためにボーダーのところには「出入り口」を開けておく必要があるということです。

釈 そうか、そういうことですか。いずれにしても何かが生まれるのは、そのボーダーの間を行き来するときです。だから境界線上には常に大きな魅力がある。

内田 ボーダーを引くのは、何もないより、そこに二項対立があったほうが知的に生産的だからです。その線上に感じのいいインターフェイスが生まれる。ものごとを切り分けることが目的なんじゃなくて、ものごとを切り分けることで、人間の知性を活性化することがボーダーの存在理由なんです。

釈 人間はボーダーなしに、すなわちコスモロジーなしには生きていけない。だからいつもカオス的な状態に一本線を引こうとする。線を引くことによってコスモスが生まれます。人類の脳が極度に発達した要因のひとつはここにありそうです。

内田 脳が巨大化した理由は「ペンディングする」という機能を備えたからだと思います。「これ、どっちなんだろ?」「よくわかんない」というとき「とりあえず、ここに置いとこう」とデスクトップにカテゴライズ不能なものを置きっ放しにする。そういう「処理しないで、ほうっておく」という作業はデスクトップをどんどん拡げて、脳の容量を上げることによってしか対応できない。ほかの動物にはそういう「ペンディング」ができないけれど、人間にはそれができる。「名づけえぬもの」がここにあるという宙づり状態に耐えられる。それが人間のいいところなんです。

釈 ハードディスクのCとDに分ける前、デスクトップにいったん置いておくみたいな、二項対立プラスワン的状況でしょうか。

内田 二項対立で世界を分節しながらも、同時に「二項対立になじまぬもの」のための場所もとっておいてある。この「なにものであるのか決めかねるので、どうなるのか、判断保留してしばらく待つ」という態度は人間の科学的知性にとっても、宗教的感性にとっても、非常に重要なものだという気がするんです。

釈 その象徴としてアンビギュイティ（両義的）な神が世界中で信仰されているのでしょうね。たとえば火の神なんかは、幸福と災いのどちらにも転ぶ性格を持っていたりします。

内田 両義的なものがあるからこそ一層、「境界線」の意味と機能が明らかになる。

釈 どちらの領域にも足場があるので、境界性の問題が生じるからですね。

内田 「一義的なもの」よりも「両義的なもの」のほうが、「義とはなにか」という問いを深めてくれる。だから、「クロスボーダーなもの」というのは、ボーダーを否定するものじゃなくて、「ボーダーとはなにか」、それはどういう基準で設定されていて、そもそも何を生み出すもののためか、という問いを深めてくれるものなんです。

釈　そうなりますと、我々は勝手に熊野を海人と山人の境界が交わる場所と考えたりしておりますが、この地のようにボーダーの幅が分厚いほどよいということですね。

内田　そうですねえ。

釈　細いボーダーよりは、幅があるボーダー。

内田　相互参入しているクロスボーダーがいちばん多産的なんじゃないかかな。海の文化と山の文化は二項対立的ですけれど、それが例外的な場所では「文化の汽水域」みたいに、相互参入して、入り交じっている。塩水と真水が混じり合うところにたくさん魚が棲息するように、文化の汽水域にもそこにしかいないような不思議な混交体があれこれと生まれてくる。

釈　そのあたりに熊野の正体がありそうです。昨日お話しした熊野比丘尼などもまさにクロスボーダー的存在です。宗教と芸能、聖と俗を越境していきます。

少し話が横すべりしますが、クロスボーダーな芸能の代表として文楽があります。傀儡《くぐつ》*9と語り芸が融合したものなのですが、それぞれが強く主張するところに特徴があります。

内田　ああ、それは面白そうだな。

釈　文楽は大夫と三味線と人形遣い、この三つを三業といいますが、三業が力の限りぶつかり合って成り立つんです。ギリギリのタイトロープ的芸能です。だから三業とも相手をまったく見ません。

内田 そもそも語り芸と人形劇と三味線という、それぞれ独立している芸能がどうしてひとつに合体できたのか、不思議ですよね。独自に発達した三つの芸能が、あるとき出会ってひとつの芸能になったわけですからね。

釈 大夫さんのお稽古の映像を見たことがあって。かなりベテランの大夫さんが師匠に「ほら、また三味線に引っ張られとる！ ヘタクソ！」と怒られていました。つまり三味線の力が強いと、そちらに引っ張られてしまうわけです。それじゃだめなんでしょうね。三業がそれぞれ精一杯主張した先にある一致点みたいなところで成り立つ芸能なんです。

内田 能の囃子とシテの関係に似ていますね。囃子は伴奏じゃないですから、シテに合わせるわけじゃないんです。

釈 そもそも合わせる練習もしないんですよね。

内田 シテのほうは「囃子はシテに合わせればいい」というし、囃子のほうは「あのシテは囃子がわかってない」というし。能の音楽はヨーロッパの音楽における指揮者のように中枢的に演奏を統御するものがいない。でも、そういう別種の芸能がある状況で出会うと、完成度の高い舞台が成立する。

釈 たとえばその場が持つ宗教性みたいなものが、各芸能のバランスを担保している面があったりするのでしょうか。

内田 日本語に「場が立つ」って言葉がありますけど、これに相応する外国語ってないんじゃないんですか。フランス語だと何かが「出現する」というのはavoir lieu「場所を持つ」というんです。「事件が起きる」というのは「事件が場所を持つ」というふうに他動詞的に表現する。英語でもtake placeですよね。日本語の「場が立つ」は「場」が主語ですからね。「場」が誰かの関与によってではなく、自発的におのれをあらしめている。

釈 そう考えると、なかなかいい言葉ですよね。

内田 演者たちが一堂に会して、呼吸が整った瞬間に「場が立つ」。誰も指揮していないし、誰も統御していない。中枢的な統御者が存在しないまま、自発的に場が成立するという発想って、一神教的な世界にはないような気がしますね。

釈 そうか、その場自体はニュートラルなんですね。強烈な座標軸があって、そこに配置される形態ではない。

内田 そうです。面白いですね。

御船祭のハリハリ踊り

森本 窓の向こうをご覧ください。あそこに見える熊野川が速玉大社の秋祭り、御船祭の舞台です。諸手船を漕いで神様を乗せた神幸船《しんこうせん》を曳航し、それを早船が先導する。このとき、上流に御船島という小さな島があって、そこを早船たちが旋回しながら勝敗を競うレースが行

御船祭（提供：新宮市観光協会）。

なわれます。

釈　島の周りを回るんですね。

森本　はい、三周します。昨日お話しした『エロスの国・熊野』には、この御船島もその天地創造にまつわる「宇宙卵」で、天地が原初の卵から孵化《ふか》してできたといういわゆる卵生説話を示しているそうです。要するに島が憑代だということですね。いま、御船島があそこに見えます。

釈　ちょっとだけ島の先端が見えますね。島の周囲の川底は深いのでしょうか？

森本　深いですね。江戸時代は商人がそれぞれの地区から出す早船のスポンサーになって、いちばんになった船が翌年江戸へ最初の船を出す権利を、要するにいちばん高いときに物を売る権利を得ることができたそうです。そして、その御船祭のときに諸手船に乗って「ハリハリ踊り」という踊りを演じる集団がある。諸手船を昔から漕いできた、三重県紀宝町鵜殿地区の人たちです。

釈 船を扱う人たちの踊りですね。興味深いです。どんな踊りなんですか？

森本 由来はよくわからないらしいんですが、踊るのはハリワイセと呼ばれる真っ赤な着物に、化粧をした男なんですよ。女装して櫂を持って舳先で踊る。

内田 ポリネシアみたいですね。

釈 はい。あとは太鼓をたたいたら文句なしですが。太鼓はありますか？　船縁をたたくか、そんなことでもいいんですが。

森本 それはないですね。

釈 残念です。でも、我々は無理やりポリネシアに当てはめようとしてますね（笑）。

内田 それにしても、火祭りがあるのはポリネシアですよ。しかも、赤い着物を着て化粧もする。

森本 そういえば踊るとき「ハリハリセー」って掛け声をかけるんです。「ハリハリ」っていうのは、「速く走れ」っていう意味だといわれています。ハリー（hurry）、ハリー。でも、もしかしたら韓国語の「パルリ」じゃないかなと僕は思うんですけど。

内田 パルリ？

森本 「パルリ、パルリ」って、「早く、早く」って意味なんですよよ。

内田　へぇー。

釈　そっちのほうが、何かイケそうですね。

内田　ならば韓国語と英語が同語源だっていうのではどうでしょう？

釈　もう、なんでもくっつけちゃうんですね（笑）。

那智の滝周辺

「清水寺的」な熊野那智大社

釈　皆さん、いよいよ熊野三山のひとつ、熊野那智大社に到着しました。ここでバスを降りて社殿まで石段を歩きます。

内田　では、参りましょう。

釈　けっこうな石段ですね。杖がありますね、お借りすることにします。

内田　看板に「元気のパワースポット」って書いてある。ちょっと、いきなり脱力です。

釈　逆に力が抜ける（笑）。誰が考えたんでしょう、このキャッチフレーズ。

内田「持って帰ってええのは、土産と思い出だけや」って書いてるのもあります。

釈　ここはいままでの熊野の聖地とは雰囲気が違いますね、清水寺の参道的というか。

内田　そうですね。完全に観光地化しています。

釈　さて、那智大社に到着しました。よろしければここで森本さんに少しご説明をしていただけますか。

森本　はい。熊野三山のひとつであるこの熊野那智大社は、神仏習合の名残で、熊野那智大社の隣にお寺さんがあります。西国三十三所の一番札所にもなっている青岸渡寺です。

熊野那智大社は那智の火祭りで有名ですが、これは正式には扇祭と呼ばれています。那智大滝の姿を模した高さ六メートルにもなる扇神輿を、大松明を持った氏子たちのご神火でお清めします。大松明は扇神輿を先導し、扇神輿は那智の滝の前に立てられます。

那智大社の奥の妙法山阿弥陀寺では、「お髪上げ」という風習があります。極楽浄土に行けることを願い、亡くなった方の毛髪を奉納する儀式です。これは風葬か鳥葬の名残なんじゃないかという説もあります。ちなみに那智山は女人禁制の高野山の代わりに女性たちが参拝したので「女人高野」とも呼ばれています。

内田　なるほどね。髪を納めるのが風葬の名残というのはなんかありそうですね。

那智大社。

釈　「女人高野」の名で有名なのは室生寺なんですけど、ここも女人高野なんですね。

さて、社殿も立派です。熊野三山は、社殿の配置や形式に特徴があります。

内田　社殿が横一列ですね。熊野本宮もそうでした。

釈　説明書には、「社殿は東西横一列で配された第一殿から第五殿と、第五殿の正南方に並ぶ第六殿・御縣彦社からなる。各社殿は瑞垣で仕切られており、各社殿の正面には鈴門が開かれている」とあります。本殿があって拝殿があって神楽殿《かぐらでん》があってという一般的な形式とは違いますね。そういえば以前、聖地巡礼で訪れた三輪山の大神神社も横に社殿が並んでいました。

内田　第一殿の滝宮はあちらですね。ここにもやっぱり八咫烏があります。

青岸渡寺。那智大社のすぐ隣にある。

釈　ほんまですね。それではみなさんお参りしましょう。

再興できた理由

内田　隣にあるのが、青岸渡寺ですね。ずっと神社巡りでしたが、ようやくお寺に来ましたね。

釈　私なんかは、お香の匂いがすると安心します。それにしてもほかのお寺が廃仏毀釈ですべて潰されたのに、この青岸渡寺だけが残ったわけですね。

辻本　ただ、青岸渡寺も一度は潰されそうになったんです。取り壊されはしませんでしたが、仏像仏具は下の市野々《いちのの》というところへ移されました。再興は明治七年です。そのとき以来ですかね、青岸渡寺という呼称は。それまでは如意輪堂。

釈　取り壊しをまぬがれたのは、西国三十三所の札所だったことが大きいでしょう。西国三十三所は日本の巡礼で最も古く、いわば巡礼の原形です。この「ストーリー」があるから、廃仏毀釈を乗り切れたのではないでしょうか。ちなみに、「三十三」は観音様が三十三の姿に変身するところからきています。それではちょっとお参りをさせていただきます。

内田　やっとできますね。

釈　ほんとうです（笑）。お、役小角に、賓頭盧《びんずる》さんだ。そして、こちらの御本尊は如意輪観音ですね。立膝で座るのは如意輪観音だけがするポーズです。足裏を合わせているのもあり、それはおそらくヨーガのポーズからきていると思います。

内田　なるほど。

釈　僧侶たちがお勤めされています。神社とお寺はやはりすごく対照的です。シーンとしていて何もしない神社と、ああやって何かとしてしまう仏教。

内田　そうですね。

釈　性格の違いがくっきりとあらわれますね。

内田　でも、那智大社とこの青岸渡寺を見たときに、「神仏習合」だって気づく日本人ってあまりいないんじゃないですか。

釈　そういうものですかね。

内田　僕も以前はまったく気がつきませんでしたから。でも、そんなふうに寺院と神社が並んでいてもまったく「違和感がない」ところが面白いですよね。それが日本人のもともとの宗教意識じゃないんですか。仏教と神道が隣に並んでいても、そこに落差を感じないのが。

釈　なるほど。丸テーブルのように、どんな宗教でも「着席可能」っていうような。

内田　外国から来た人に、こちら側は Shinto の shrine で、こちらは Buddhism の temple ですっていったら、びっくりするんじゃないですか。

釈　へえ、そうなんでしょうか。

内田　キリスト教の教会とイスラムのモスクが並んでいるようなものですって説明するしかないですよね。

釈　説明すると、そうなりますよね。

内田　不思議ですね。宗教施設から発散されている霊的なものが等質なんです。波動に違和感がないっていうか。

釈　ここで宗教儀式を営む宗教者自身も、元々あんまり違和感がなかったのでしょう。

内田　だから実際、僧侶が神社に行ってお経を上げたり、神官がお寺に行って祝詞を上げたりしたわけですよね。そういった宗教的な相互交流が、廃仏毀釈までは日常的に行なわれていた。

釈　並んでも違和感ないのは、ここの場合はやはり滝が持つ力でしょうか。

内田　そうですね。やはり圧倒的な霊的な力の前では、教派や宗派の区別はどうでもよろしいのではないか、と。

釈 エルサレムもそうですね。あそこは場の持つ宗教性が強い。

内田 そうですね。

釈 だからモスクと教会が並んでいても違和感がない。那智大社も青岸渡寺もこの地の宗教性が強いので違和感がなくなる。

内田 そう考えると、キリスト教とイスラム教の習合っていう形態が出現してほしいものですなあ。

釈 トルコにあるんです。

内田 そうなんですか。

釈 イスラムの人とキリスト教の人が一緒に運営している、モスクかつ教会みたいなものがあるんです。あそこは水際ですから、やはり「場の力」があるんです。

内田 なるほどねえ。

釈 トルコって色んなものが交錯する交差点ですから。

内田 トルコやりますねえ。エルトゥールル号遭難事件[*10]以来、トルコって対日感情がいいでしょう。

釈 そうですよね。

内田 日本も対トルコ感情がいいらしいですね。和歌山県民もトルコが好きだそうです。

釈　トルコの教科書にはエルトゥールル号遭難事件は必ず載っていて、トルコ人はみんながよく知っているらしい。でも、日本人はさっぱり知らないので、「我々は片思いなんだ」って知り合いのトルコ人が嘆いていました（笑）。

内田　やはりこの事件も和歌山という土地柄と関係あると思いますよ。バックに熊野があるでしょう。うん、わかった、見えた。すべてがつながった。和歌山とトルコは「習合」つながり（笑）。

釈　「和歌山—トルコ」ライン説が誕生しました（笑）。イラン・イラク戦争のとき、サダム・フセインが「民間機でもなんでも、とにかく見つけたら航空機は全部撃ち落とす」といって、在留邦人が帰国できなくなった。当時は自衛隊が海外に出られません。困っていたらトルコが二つ返事で「ウチが救出に行きましょう。我々はエルトゥールル号遭難事件を忘れておりません」って申し出たという。

内田　あらら、日本の外交官はわかっていたんでしょうかね。「え？　エル何ですか？」って（笑）。

釈　（笑）。それで全員が救出されたんですよね。

内田　有り難いですねえ。それもすべて和歌山の方たちのお陰ですね。

釈　先生、向こうをご覧ください。

内田　おお。那智の滝が三重の塔の向こうに見えます。

那智の滝を遠望する著者。

釈　わあ、これが那智の滝ですね。実際に見るのは初めてです。よくこの場面を写真で見るのですが、いつも「あの三重の塔の色がもうちょっとくすまないかな」と感じます。もう少し建物が色あせてくれればもっといいのに。

内田　たしかに。我々はあの滝まで下りるんですか？

釈　那智大社の別宮で、滝を御神体として祀っている飛瀧《ひろう》神社があるそうです。あちらから下りましょう。

内田　ここも熊野古道なんですね。中辺路とある。

釈　ほんとうですね。

辻本　このあたりから、この石段を上ってゆくと、妙法山に至ります。奥の院とでもいうべき位置で、阿弥陀寺があります。そこからは熊野古道の難所として知られているところ。大雲取越、小雲取越に入って、再び本宮へと戻る。それが本来の熊野古道です。

釈 かなり険しそうですね。

内田 たしかに。

釈 よく見ると、那智の滝は三筋ぐらいに分かれてますね。

内田 そうですね。

辻本 今日は水量が多いですね。じつは滝の上流が二〇一一年の台風でかなりやられたんです。滝壺がゴロゴロした大きな石で埋まってしまいました。滝の上流の水源が山の木を伐ったりしてだいぶ荒れていたみたいで。それでも、まだこの山の周辺には原生林が残っているそうです。南方熊楠のフィールドワークの場です。

釈 あ、山桜が咲いています。

内田 きれいだ。今回の巡礼は、花を見に来たみたいですね。何年分かの桜を見ました。

釈 こんな石段をまたずっと下りていくのか。これは体力が要りますね。

内田 巡礼が楽ではいけませんぞ。

釈 そうなんです。しかし、中世には「蟻の熊野詣」と表現されるほど、人々が行列をつくって歩いたというんですからすごい話ですよね。

内田 そうですよね。

釈 当時に思いを馳せながら、もうひとふんばり歩きましょう。

那智の滝でトランス

釈 こちらが那智の滝ですね。あ、滝壺が完全に埋まっているじゃないですか。土砂がすごい。

内田 ほんとだ、ひどいですね。

釈 ずいぶん大きな被害だったのですねぇ。

森本 でも、一方でこれは自然のなせる業なんだから、「そのままにしておこう」という意見もあります。

内田 僕もそう思います。このままでいいんじゃないですか。これが自然の景観なわけだから。原状回復って変ですよ。

釈 周りを護岸工事みたいにしてしまうと駄目ですよね。森本さん、この滝の上って見られたことはあります?

森本 ないです。ここはそれこそ神官とか神社関係者しか上がれませんから。あの滝のてっぺんの注連縄は年に二度張り替えるんですけど、それこそ命懸けですよね。

釈 かなり恐ろしい作業ですよね。でも、どこから登るんでしょうか。峰を伝って行くんでしょうかね? 滝の正面からじゃ絶対に無理ですよね。

2011年の台風被害により、那智の滝の前は工事中だった。

森本 去年、那智の火祭りの翌日、この滝の崖をロッククライミングして、警察につかまったやつがいましたね。

釈 なんと。御神体を登るとはとんでもないですね。あちらの階段を上ると、もっと近くで滝を見ることができるようです。行ってみましょうか。

内田 おお、この滝、すごいですよ。一粒の水滴に視点を合わせて、それがどこまで落ちていくか追っていくと、あっという間に瞑想状態に入りますね。訓練なんかいりません。誰でもすぐに瞑想状態になれます。

釈 あ、ほんとですね！ ちょっと目で追うとすぐにクラクラします。いや、こういう滝が信仰の対象になるのがリアルにわかりますね。これは巨大瞑想装置です。

内田 何かが無尽蔵に湧き出してくる。

森本 東京の根津美術館に『那智瀧図《なちのたきず》』という国宝の絵があります。昔、それを見た作家のアンドレ・マルロー[*11]が本物をぜひ見たいといってここまで来たことがありました。正確な表現は忘れましたけど、「那智の滝は下から上昇している」といった意味のことをいったそうです。

釈 なるほど、わかるような感じがします。いや、これ、長時間見ていたら、気分が悪くなってきますよ。酔ったみたいになる。

内田 かなり吸い込まれます。遠くから見ているとわからないけど、近くで見るとオーロラのような模様が炎のように現れては崩れ、現れては崩れていく一瞬として同じ映像がない。

釈 瞑想を熱心にやると脳の皮膜がつくっている映像と、現実とのつながりがつかなくなってきます。外界がすごく偽物っぽく見えてきて……。ここは不用意にアクセスすると危ないな。

内田 あんまり長く見ていると現実感がなくなりますよね。

釈 ええ、現実感がなくなって……。その状態が持続すると、日常生活が少しあやしくなります。私、以前、ヨーガの瞑想で現実感が希薄になり、危険だから車の運転を見合わせたことがあります。いま、我々が見ているのは脳がつくっている映像です。それといま、目の前にあるこの現実とが同じである保証ってなにもないですから。

内田 疑い出したらきりがない。

釈 それです。疑いの穴に落ちたみたいになって、日常が崩れ出します。もちろん、この世界の虚構性を実感することは大切な宗教的プロセスなのですが、それが一気にやってくると、

間近で那智の滝を眺める両著者。

日常を営むこともできなくなる。

内田 滝が落ち出すあたりがすごい。えぐれているから、流れ落ちる水が下の岩に当たるまで何も抵抗がない。なかなかこういう滝って僕は見たことがないですね。

釈 ほんとですね。逆階段状態でえぐれています。

内田 岩が剥落したので、抵抗ないまま数十メートルも落下している。その間の模様がすごいですね。

釈 しかも、岩が日々削られてそれもちょっとずつ変化しているんでしょう。こうやってしゃべっていると、だんだん滝壺の石を片付けなくてもいいんじゃないかという気になってきます。

内田 うわ、石が浮き上がって見える。

釈 先生、危ないですよ。

内田 ああ、トランスしてきちゃった。

釈 私も少し気分が悪くなってきました。どうもこういうのは苦手なんです。

内田 滝をじっと見ていると、感覚が混乱してきますね。いや、これはすばらしいトランス・スポットだわ。

那智参詣曼荼羅

那智参詣曼荼羅解説（バスの中で）

釈　さて、いよいよ最後の目的地である補陀落山寺に向かっているわけですが、着くまで少し時間があるようです。みなさんのお手元に、曼荼羅のコピーがあるかと思います。さきほど我々が参詣した那智大社や那智の滝なども描かれている曼荼羅について、この時間を利用して、辻本さんに説明していただきましょう。

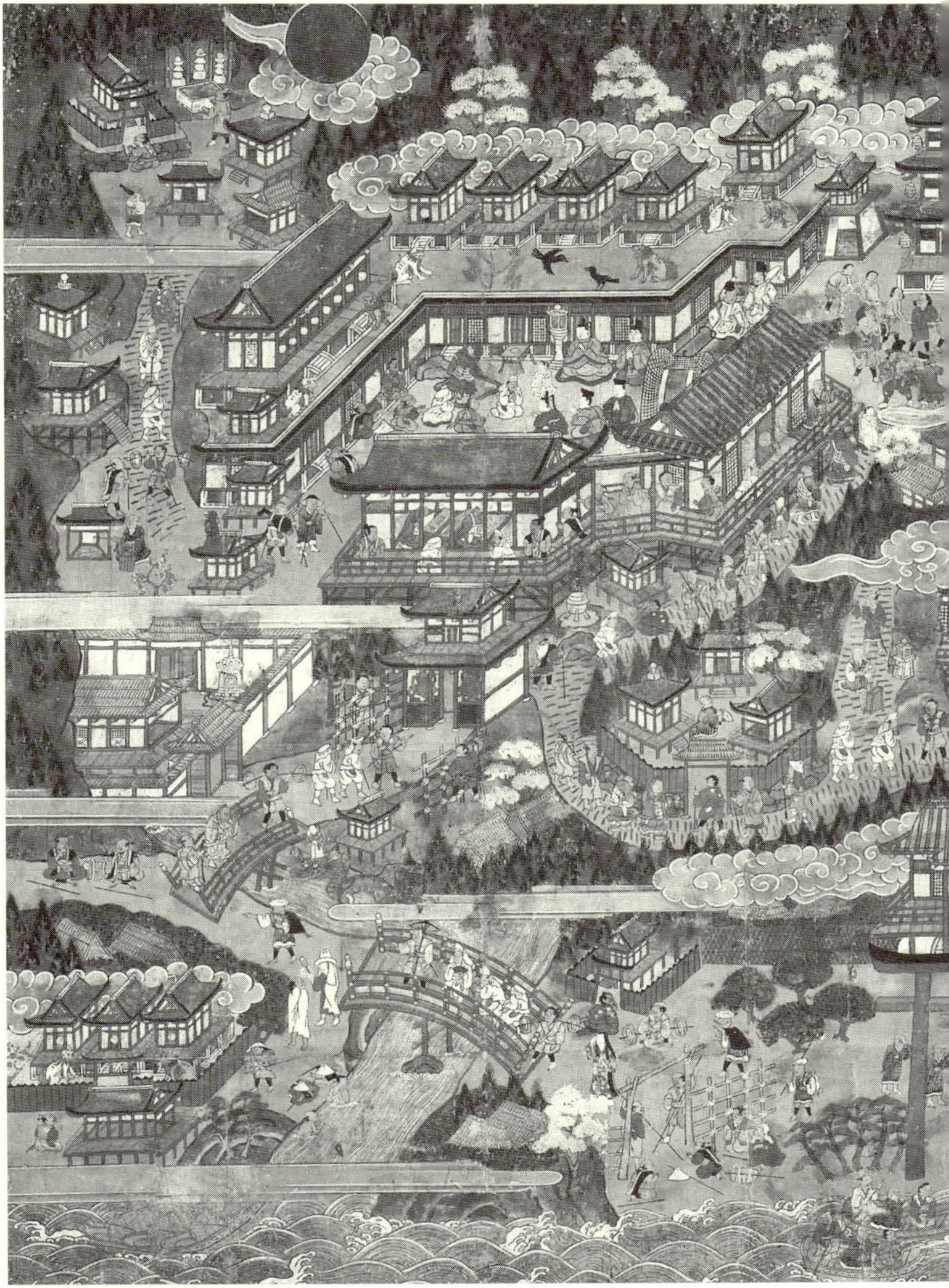

那智山宮曼荼羅（提供：熊野那智大社）。

辻本　はい。まず、熊野には「那智参詣曼荼羅」と「熊野観心十界曼荼羅」という二種類の曼荼羅があります。それを熊野比丘尼が持ち歩いて全国を行脚したわけですが、いま皆さんの手元にあるのは那智参詣曼荼羅のほうです。見ていただくとわかるように、さきほど私たちが歩いた那智大社や那智大滝など、あのあたりの地形がよく描かれています。

絵の上のほうを見ると山があり、那智の滝が流れ落ちています。その川、那智川がずっと流れて海へとたどり着くような構図ですが、ご覧のようにたくさんの人たちが那智山のお宮やお寺にお参りしている風景が描かれています。

絵の左右の上のほうには日輪と月輪が描かれていますが、これは参詣曼荼羅の特徴で、これによってこの土地が霊地であることをあらわしています。

では、まず海のほうから見ていきましょう。大きな鳥居があって、その前の海には船が浮かんでいます。これは補陀落渡海船です。その奥がこれから向かう、補陀落山寺です。補陀落渡海は海の彼方にある観音浄土を目指すわけですが、一緒に小舟に乗った人も曼荼羅に描かれています。補陀落渡海の記録には「同行」という言葉が使われ、綱を切って帰ってきたという説もあれば、一緒に行ったという説もあったりして、よくわかっていません。

鳥居の下に三人の赤い鳥帽子を被った人たちがいます。歴史に当てはめると、そのひとりは、『平家物語』で那智の沖で入水したとされる平維盛公ではないかと想像できます。

船の前方にある四つの岩山は、渡海を嫌がって殺されたという話を伝える「金光坊島」、補陀落渡海の船が帆をあげたとされる「帆立島」、網を切ったとされる「綱切島」、そして平維盛が入水したと伝えられる「山成島」です。

余談ですが、じつは私は退職間際に新宮の養護学校の校長をしていました。その学校の視察にいまの皇太子がいらっしゃって、勝浦に泊まられた。この海辺の道を車で来られたときこの島が気になったようで、視察が終わってから、東宮大夫の方から「資料を送ってくれませんか」といわれたことがあります。皇太子は水上交通研究の専門家と聞いていましたから、興味を持たれたのでしょう。補陀落渡海の資料などをお送りしたんです。後で東宮大夫の方から大変喜んでおられたと、電話をいただきました。

さて、鳥居の後ろのお寺が先ほど申しあげた渡海上人の拠点になった補陀落山寺です。補陀落渡海船の板絵の残骸というのが残っていて、渡海船が復元されています。そこを上って那智山へとお参りの道が続くわけです。

橋の手前に関所があります。かつて那智山には関所があって、参詣者からお金を取っていたようです。橋のたもとにある祠が九十九王子のひとつ「市野々王子」ですが、橋の手前で桜を見ている女性がいます。これは和泉式部ではないかといわれています。和泉式部の伝説は、本宮だけではなくて、この那智山にもあるんです。この那智参詣曼荼羅を持った熊野比丘尼は、こういう絵を見せながら、「女性の方もお参りできるんですよ」と宣伝に努めていました。橋の下では参詣者が禊ぎをし、巫女のような女性がお祓いをしている。これが熊野比丘尼だと思われます。

参詣する人が座って手前で食事をしているふたつ目の橋は「振加瀬橋」と呼ばれ、俗の世界と聖域を振り分けるという意味が込められていました。聖域である那智山に入ると肉食はできないので、その前に食べておこうと肉を食べている姿が描かれています。

その橋の上には高貴なお坊さんが立っていて、川の中から頭の上に稚児を乗せた龍が現れています。昔、花山法皇が那智の滝で三年間お籠りをされ、そのときに龍神が現れて玉を贈ったという話に基づいていると解釈されています。

この橋を渡ると大門坂にかかり、そこから那智山へと登っていくことになります。大門もあって怖い顔の仁王さんが立っています。大きな門が建てられていたから大門坂。大門坂を通ると道が二つに分かれています。真っ直ぐのが御幸道、滝のほうへ向かうのが巡礼道といわれたようです。

大滝の周辺にはさまざまな建物があります。滝が落ちる右側にある小さな建物は花山法皇の庵室だろうといわれています。滝本では文覚上人が滝行をしています。寒い冬の荒行で気を失ってしまったのを、不動明王の使いの二人の童子が現れて助け起こしています。

滝の下は霊光橋という橋、そこにカラス帽を被った那智滝衆が見えます。那智大社のほうへ石段を上っていくと、途中に中門、伏拝門があり、さらに上がると田楽場といわれる広場に出ます。三重の塔の前では御木曳《おきひき》行事が行なわれています。これはお宮などの建て替え行事の一環で、大工さんの仕事はじめの「手斧《ちょんな》始式《はじめしき》」の祖形ともいわれています。大工さんによるお宮やお寺の建て替え、その資金集めも熊野比丘尼の大切な仕事です。

いよいよ那智大社、上部の真ん中、立派な建物がたくさん建っている所です。一番右が滝宮、少し引っ込んで建てられているのは地主神としてやや控えめに祀られているのだろうともいわれています。続いて右から順に本宮・新宮、そして那智大社の夫須美大神を祀る西御前です。左端が天照大神を祀るとされる若宮、その前にはさらに大勢の神々を祀る八社殿と続いています。これらの近くには八咫烏もとまっています。

高貴なお方のお詣りの様子があり、西国三十三所観音巡りをはじめたとされる花山法皇だろうといわれています。右側にあるのが、その第一番札所の如意輪堂、秘仏の大きな如意輪観音が祀られています。

左の上が妙法山で女人高野ともいわれ、死んだ人の霊が上がっていく所です。白装束の二人が消えている、この絵のストーリーが亡者の熊野詣の設定では、といわれる所以です。

妙法山中には「亡者の一つ鐘」といって、死人が撞きにくる鐘があり、山中では亡き人に出会える。平安時代に応照という人が「火生三昧《かじょうざんまい》」、焼身による捨身行をしたとされる跡も残っています。江戸時代の端歌に、遊女が男と交わした誓紙を反故にするたびに、熊野の烏が一羽死ぬといわれたそうです。そしてその烏は熊野那智妙法山の烏であるというように、近代になると死者の国熊野のイメージが妙法山に集約されていったようです。さらに近年では「大逆事件」の犠牲者を含む「人民解放運動戦士之碑」も建てられていて、荒畑寒村が「人のため 世のため立ちて 戦いて 仆《たお》れし友を 豈《あに》忘れめや」という歌を詠んでいます。

釈 ありがとうございます。まさに聖地巡礼のためのガイドマップの性格を持っていたことがよくわかりました。しかも要所ごとにストーリーがあり、日常の苦悩があり、生と死の物語があります。この曼荼羅を使った語りを聞いた人は、熊野への憧景の念を強くしたことでしょう。

記録によれば、各地で庶民が、とくに女性が涙を流して聞き入ったそうです。熊野という特異な地の力と、それをビジュアル化した曼荼羅と、胸を打つストーリーと、切々たる話芸。それらが人々の宗教的情念を揺さぶったのでしょうね。

補陀落山寺。

補陀落の世界

捨て身の行、補陀落渡海

釈　いよいよこの巡礼の最後の目的地、補陀落山寺に着きました。

内田　いよいよ、ですね。階段がないといいんですけど（笑）。

釈　このお寺では、かつて住職が六〇歳になると渡海したそうです。住職がそうした最期を遂げることで、この地の信仰を成り立たせていた時期があったのですね。現代人から見ると非人間的に感じてしまいますが。

辻本　隣にあるのは熊野三所権現、かつては浜の宮王子と呼ばれていました。九十九王

復元された補陀落渡海船。

子のひとつです。そういうわけで、ここも神社とお寺が並んでいます。

釈　補陀落渡海は平安時代からはじまったわけですが、江戸時代になってからも何人か渡海しています。これまで記録に残っているだけで四〇人、そのうち二五人が補陀落山寺の目の前に広がる那智の浜から出発したそうです。ただほかにも、たとえば高知県の足摺岬、室戸岬などでも補陀落渡海は行なわれていたようです。

内田　黒潮の流れに乗って行ったたんでしょうね。

釈　補陀落渡海は、「捨身行」です。本来は、仏を供養し、他者を救うために我が身を捨てて布施する行為です。入水のほかに、焼身や投身や断食もあります。

さて、これが復元された補陀落渡海船で

すか。

内田 あら、鳥居が四方にある。

釈 「発心門」「修行門」「菩薩門」「涅槃門」をあらわしていて、死者はこの四つの門をくぐって浄土へ向かうことになります。

内田 食料は積んだんですか？

釈 何日か分の食べ物は積んだようですね。とにかく外から板で打ちつけられて屋形の中に閉じ込められてしまう。そのまま流されてやがて死に至る。その間、渡海僧はずっと屋形の中でお経を唱えつづける。

　井上靖が補陀落渡海をテーマにした短編を書いています。金光坊というお坊さんが無理矢理渡海させられて、死にたくなくて途中で島に上陸する。でも、それが見つかって海に投げ込まれて殺されてしまいます。

森本 そのお坊さんが上陸した島が金光坊島です。この辺では「こんこぶ」っていいますが。

釈 我が身を捨てて慈悲を体現する捨身行として実行した人もおられたし、無理やり送り出された人もおられたわけです。「こういう行為は現代人には理解できない」と切って捨てるわけにはいきません。宗教のストーリーは、ときにやすやすと生死のラインを飛び越えます。それは我々にだって起こりうることなのです。個人の生命よりも「宗教的価値」が優先されることはありますからね。

補陀落渡海も宗教的な価値が先行しすぎて、身体的なものが疎かになっていった事例なんでしょうか。

内田 でもこの間、僕の友人がお父様を看取ったんです。そのときご本人と相談して、末期医療はしないと決めたそうです。だから、栄養も水分も摂らなかった。どんどん痩せていって、最後は能の翁の面のような皺の多い顔になって、ほんとうに眠るがごとく亡くなったそうです。全身の機能が同時的に低下してゆくので、炎が消えるような亡くなり方だった。僕の友人はそれを見て、即身仏というのはこういうものかなと思ったんだそうです。全身にチューブを差し込まれて、死にかけている身体を薬物で生かし続けるよりも、こちらのほうがずっと楽な死に方なんじゃないかな。

釈 最近、そういう最期を「自然死」や「不穏死」と呼んだりしています。僕は「むつみ庵」というグループホームの代表もしているわけですが、そこで認知症高齢者の方々の死の看取りもやっているんです。飲食ができなくなると、ほんとうに枯れ木のようになっていきます。いままであっちが痛いとかここが苦しいとかいっていたのがだんだんなくなるというか、感じる能力もなくなっていく。

内田 そうですね。痛覚も落ちていくでしょうね。

釈 はい。だいたい飲食する力が衰えて一〇日から二週間で息を引き取られます。そのときはご家族も来ていただいて、枕元でアルバムとか見ながら思い出話をずっとされています。

頸動脈でも脈がとれないぐらいに脈が薄くなり、下顎で呼吸をするようになって、フェードアウトするように息を引き取られますね。

捨身行は「いい死に方」？

内田 だから、補陀落渡海も死に方としては悪くないっていう感じはしますけどね。飢餓状態になって眠くなって痛覚もなくなって、バラ色の極楽浄土の夢を見ているうちにそうっと息を引き取っていく。死に方としては、悪くないと思うんです。いまでも末期の患者にとってつらいのは点滴だそうですから。

釈 点滴による補給で、苦しみが引き延ばされる。

内田 点滴をしていると水分が身体に溜まるんです。それが痰になって呼吸ができなくなるので吸引する。それが痛いらしい。水分を摂らないというのは、昔の人の知恵ですよね。自然にペインコントロールをしていた。

補陀落渡海はある種の即身仏でしょうけれど、山の中で地面に葬られる即身仏に比べると、意外性があるのが違いかな。嵐が来て船が転覆するとか、鯨に襲われるとか、いつどうやって死ぬのか予測できない。

釈 また、やはりこのあたりは目の前が海なので、ある種のフェードアウトの方法として成立するのかもしれません。海民の水葬のイメージも混入しているでしょうし。

内田 子どもの頃からいつか死ぬときは海に還って死ぬんだなって、自分の死に方のイメージをはっきり持っていて、そこに向かってしだいに収斂してゆくように老いてゆく。そういう文化があったんじゃないでしょうか。

釈 昨日、黒潮は海の森といいましたが、その海の森に還っていくっていうような。

内田 最後にはあの潮に乗り、海上の道を通って自分たちの原点に帰還するのだ、という。

釈 そんなふうにいわれると、むしろ「生と死をつなぐ強烈な通路」を持たない現代人のほうが貧相に見えてきました。

内田 ときどきリタイアした後に、豪華客船で世界一周のクルーズに出る老夫婦がいますけれど、イメージとしてはこれに近いんじゃないかな。インド洋上あたりで突然息を引き取って、船長さんには遺体は海へ放り込んで水葬にしてくれ、と。そういうことをぼんやり夢見ているんじゃないかな。

釈 はい（笑）。

内田 長い航海の途中で息を引き取って、海の藻屑となる。これ、地上で暮らしていると望んでも望み得ない死に方ですからね。

釈 病院で無理やり延命されて死ぬよりも、「死の物語」が豊かですね。

内田 現代の補陀落行。

釈 世界一周クルーズは、現代の「無意識的補陀落渡海」。

内田 だから、世界一周して戻ってきたら、すぐ次のクルーズを予約する人とか、いるんじゃないですか。今回は死ねなかったから、次回に期待って。

釈 (笑)。さて、あちらにお寺のご本尊があります。拝ませていただきましょう。

補陀落渡海上人の墓

辻本 補陀落渡海上人の供養塔が境内のすぐ裏にあって、いまは一三基ほど並んでいます。もともとは浜の近くの墓地にあったものが、地震や津波があったときに山の上に移されたといわれています。よかったら行かれますか?

釈 ぜひ、行ってみましょう。

巡礼部 あ、また階段です。

内田 むむ、今日の階段はもう終わりだぜって思っていたら、まだありましたね。

釈 やはり熊野の地形は独特です。このあたりも剥落して切り立った壁みたいになっている。

内田 那智の滝もそうでしたね。

釈 ここが供養塔ですね。那智の浜からは二五人が旅立ったそうですけど……。このお墓は有照《ゆうしょう》上人と書かれています。

内田 有照上人ですか。

補陀落渡海上人の供養塔を訪れた巡礼部。

平維盛の供養塔。

釈　そしてそちらが平維盛の供養塔です。維盛もここから補陀落渡海したといわれていますから。彼は舞が得意だったんですよね。

内田　笛が得意なのは敦盛、歌詠みは忠度。維盛は重盛の嫡男でしたね。

釈　そうです。父親の重盛がわりと若く死んで、後ろ盾がいなくなっていました。ちょっと不幸な人でした。

内田『平家物語』では、那智で入水して死んだことになっていますね。

辻本　ただ、入水したと見せかけて山中に逃げたという伝説があるんですね。だからじつは、維盛の墓は日本各地に残っているようです。特に妙法山の下、色川地区は多くの伝誦を残しています。平家落人伝説の里という風情です。

釈　そういえば源氏にもここで補陀落渡海した人がいましたよね。頼朝の家臣で、下河辺行《しもかわべゆき》秀《ひで》という武士です。たしか源頼朝の狩りに同行している途中、出てきた鹿を射られなかったことを恥じて出家し、補陀落渡海で死んだという話だったかな。

内田　ここは、いろんな人たちが死ぬところですね。

釈　平安・鎌倉だけでなく、戦国や江戸時代でもこの補陀落渡海は行なわれていますから。さて、そろそろ戻りましょうか。

それにしても、先生、我々はとくに歴史好きというわけではないのですが、それでも行った先々で歴史物語を聞きながら歩くっていうのは不思議な感じがします。聖地巡礼というのは、やっぱり「物語」なんでしょうね。物語がないと心が震えない。だから聖地を巡っていると、結果的に歴史にもだんだん詳しくなってくる。

内田 物語と聖地はセットですね。

釈 そしてこれから、実際に渡海僧たちが浄土へと旅だった那智の浜に行き、旅をしめくくります。

内田 まだ歩くんですか（笑）。

釈 はい、ほんの少しですので（笑）。浜は向こうのようですね。

補陀落渡海の海

釈 このあたりは海辺の路地ですね。家々が並んでいて、ふだんの生活がある。こういうところを歩くのは、ちょっと我々の聖地巡礼っぽいです。

内田 そうですね。

釈 石積みが美しい。この前、和歌山の海沿いの村に呼ばれて講演に行ってきたら、ちょうどこのぐらいの高さのきれいな石積みが並んでいました。漁村なんですが、よく沖縄とかで見られるような感じでしたよ。

内田 あれ？　これは線路ですね。

辻本 あそこが紀勢本線の那智駅です。我が国で渚にいちばん近い駅じゃないでしょうか。

釈　なるほど、あの先がすぐ浜になっているんですか。

辻本　はい。目の前が砂浜です。

内田　そうか。よいしょ、もう少しだ。

巡礼部　おおっ。

内田　おお、なんときれいな浜辺でしょう。

釈　いや、これは美しい。ここがあの補陀落渡海という悲しい物語がはじまった場所なんですか。

内田　ここは素晴らしい。

釈　なるほど。補陀落山寺からすぐです。綱切島はあのあたりに見える島ですか？

森本　そうですね。

釈　金光坊島は……。

森本　灯台の向こう側です。

内田　あそこまで行けば、あとは黒潮が運んでくれる。

釈　そうか、あそこまで曳舟で引っ張っていって、綱を切る。そしたら、果ては房総半島まで流れ着く。黒潮が紀伊と房総をつなげたんですよ。でも逆に日秀上人のように琉球へ流れ着いた人もいるそうですが。

森本　僕らはいつもいっているんですよ。紀伊勝浦じゃなくて、「房総勝浦」だろうって。こ

那智の浜。ここから渡海船が海に出た。

っちがルーツなんですから。

釈 たしかに（笑）。

内田 むこうが真南、南方浄土。

釈 渡海された人たちは、南の浄土を心の中に描きながら流されていったんでしょうね。

さて、先生、熊野巡礼はこれにておしまいです。ほんとうにおつかれさまでございました。あとはすぐそこにある温泉の銭湯に入るだけ（笑）。

内田 いやあ、おつかれさまでした。けっこう歩きましたね。

釈 それにしても最後ここに来たのは切りがよかったですね。

内田 いい。起承転結の結じゃないですけど、最後、海に向かって終わりというのはいいですね。

釈 もう「ここまで。以上」っていう感じがしますよね。

内田 海で終わるっていうのはよいですね。うん、よし、毎回こうしよう。

釈 いや、またそんな無茶な注文を（笑）。

旅の最後の対談

多産の空間、熊野（ナビゲーターの方と別れて）

釈　先生、おつかれさまでした。では、巡礼も終了しましたので、新大阪までの帰りのバスの中で、改めて振り返ってみたいと思います。まずはこの二日間の我々のミッションである「なぜ人は熊野に惹かれるのか」。これについては先生、どのように感じられましたか。

内田　熊野にはじつに分厚い宗教性がありますね。それをしみじみ感じました。

釈　しかもそれが広範囲に広がっていますよね。

内田　文化的な伝統という意味にとどまらず、自然環境や自然条件も含めて、やっぱり熊野という土地は非常に多産な空間で、そこに分厚い宗教的古層が堆積している。人間がつくり上げたものと自然がつくり上げたものが、見事に融和していました。

釈　熊野はよく死の国や黄泉の国にたとえられますが、春に訪れたからかもしれませんが、あんまり死の国という感じはしませんでしたね。

内田　しませんでしたね。どうしてそんなことがいわれるんでしょう。「死」よりも、むしろ「生」。しかも再生ではなく、ほんとうに純粋な「生成」という印象を受けましたけど。

釈　今日、我々が訪れた那智の滝は、花山法皇が三年間籠ったとされる場所です。後白河法皇も熊野に何度も籠っていますが、籠りの夢の中で三度ほど神を見ています。たしかにここはリアルに神と出会える場である気がします。

内田 僕、さっきだってトランスしちゃいましたしね。

釈　那智の滝を見ているときですね。

内田 あの滝は面白いですよね。遠くから見るとふつうの瀑布にしか見えませんけど、近寄って見ると変わった滝なんです。下半分はふつうの滝なんですけど、上半分は水が抵抗なしにフリーフォールで落っこちる。そのときオーロラみたいな不思議な模様が見えて、それを五分間ぐらい見ていたら、ちょっと気持ちが変になった。目をフッと下にずらしたら、岩が全部動いて見えたんですよ、グニョグニョと浮き上がって見えた。

釈　あのとき、そうおっしゃられていました。

内田 そのとき、釈先生と「あれを見ていると、どんどん吸い込まれる。これはよくできた瞑想装置ですね」って話をしましたね。でも、瞑想どころか、けっこういきなり変性意識状態になってしまいました。

釈　ほんとうですね。瞑想装置といえば、那智の滝のほかにも、急勾配の石段を登った神倉山もそうでした。そこでも同じような話をしましたね。

内田 そうですね。

釈　多くの人がある精神状態へと導かれてしまうのですから、装置と呼ぶのがぴったりです。神倉山だと、キツイと思って登っていったら、ちょうどいい場所に中の地蔵と呼ばれる休憩ポイントがポッと現れる。それからまた登りはじめて、なんとか登り切ったら、頂上にはものすごい巨岩と広々とした熊野灘の景色が飛び込んでくるという仕掛け。

内田　ああいった急階段だと、とにかくもう自分の足裏とか膝とか、そういう特定の身体部位に意識を集中せざるを得ない。「雑念を払わねば」なんて思わなくても、雑念そのものがなくなっていく。

釈　出る余地がありませんでした。

内田　そうなんです。運動も呼吸も規則的になってくる。外的条件でいわば強制的に瞑想させられてしまう。そういう仕掛けになっている。ですから、わずか数分間で、別に瞑想の訓練していない人でも、軽い瞑想状態に入れる。

釈　あの階段は近代スポーツの身体の使い方では、装置にそぐわない気がしました。杖を突いて、身体をひねらずに歩かないといけませんし、両手両足はわりとシンメトリーに動くという感じでしたね。ひねって力を出す場面を使えない。古い身体の動かし方という感じがしました。

内田　そうそう。

お燈祭りとだんじり祭り

釈　神倉山ではお燈祭りという火祭りが行なわれるようですが、それにしても、コーディネイトしていただいた森本さんは明らかにだんじり編集者・江弘毅さんと同じ香りがしました（笑）。

内田　まったく同じ香りがしました（笑）。

釈　祭りのある地域の人って似ていますよね。江さんのだんじりと一緒で、お燈祭りに関してしゃべり出すと森本さんもかなり熱い。

内田　岸和田のだんじりは、「地の人」限定ですよね。子どものときからお囃子の練習をして、青年団に入って、若頭になってという、長期に渡る訓練がないと参加させてもらえない。実際にそういうふうに集団的に統合されないと危険な祭りであるわけですけれど。

釈　しかも運営共同体はかなりピラミッド型なんですよね。

内田　でも、このお燈祭りは誰でも参加できるところが面白いですね。とくに熟練する必要もないし、しかもかつてはお酒をかなり飲んで参加していたそうですからね。

釈　白装束で、身体に憑代の印である横綱を巻けばいいわけです。

内田　ええ。七、五、三のいずれかといってましたけど。それって注連なんですよね。身体を聖化して、お酒を飲んだりしてちょっとホットになった段階で、真っ暗闇の中で火を持って駆け下りる。あの階段ですから雑念の入りようがない。だんじりでも、だんじりを曳きながらトランスに入るわけでしょうけれど、相当の訓練が要る。お燈祭りのほうは夜の闇で山の中で松明のあかりですから、初心者でもトランスに入りやすい条件が整備されているということでしょうね。

釈　いずれにしても、ある地域やあるコミュニティが自分たちだけの祭りを守るっていう感じではない。

内田　それが熊野の開放性なのかもしれませんね。

釈　江戸時代にはじまった岸和田のだんじりと比べて、かなり原初の形態に近いんでしょう。

内田　神倉山の憑代である巨岩はそもそも太平洋に向かって開かれた船乗りたちのためのランドマークですからね。海に向かって開かれている。

釈　まさに、今回の巡礼のサブテーマだった海人と山人が両方一緒に参加できます。

内田　だんじりは、海人だけですからね。

釈　それに、お燈祭りは「白装束を着ければ誰でも同位相に立てる」という点で、宗教的コミュニタスが発揮されるのも特徴です。

内田　地域共同体の結束を固めるための祭礼であるというより、むしろ誰でも参加できるような宗教的な共同体を立ち上げるための装置だったんでしょう。

釈　別の系統の人間たちが同じ場を共有できる装置ですよね。

内田 宗教的な求心力の中心になっているのが祭神ではなくて、山全体が持っている「神威」ですよね。洋上から熊野に接岸してくる海人にとって、神倉山と花の窟は「ここにおいでよ」という歓待のランドマークを意味していた。だから、そこには開放性の高い宗教的コミュニタスが存在していたんだと思います。

肯定する場の力

釈 その次に我々が訪ねたのが、いま、お話に出た花の窟神社でした。私はずいぶんいい感じのところだなと思いました。

内田 いいところでしたね。

釈 我々仏教者は、どうしてもロゴスティックになりがちです。しかし、あのような自然の地形や植生によって形成された宗教性って、ロゴスじゃない。仏教のように「君の生き方はどうなんだ」と内面を問う方向には向かわない。自分の抱えている罪の問題とか苦悩とか実存とか、そういうところには……。

内田 ぜんぜん行かないですね。

釈 行かないんです。とにかく、むせかえるようなパトス。

内田 ロゴスなんか、かけらもないですね。

釈 さらにいえば、やはり旺盛な「受容性」です。排除されずに肯定してくれる場という感じがしました。あの力はただならぬものです。

内田 ただならぬものでしたね。

釈 ええ。あれはもう、聖地にする以外にないような場所ですね。

内田 南方系というか、ポリネシア系というか。とにかく、あそこだけなぜか南太平洋の香りがしました。

釈 植生もやや南方風な感じで、内田先生が提唱されている「熊野＝バリ説」がだんだん裏付けられていくような。

内田 花の窟神社を見て、かなり確信を深めました（笑）。

聖地における「俗」の必要性

釈 その後、産田神社を経て我々が向かったのが那智大社でした。神仏習合の地です。青岸渡寺のほうは御本尊が如意輪観音でした。西国三十三所の第一番、観音信仰の土地なんですが、随所に「南無阿弥陀仏」と書かれていました。熊野には阿弥陀仏を本地とした熊野権現信仰があります。熊野の阿弥陀仏信仰は、法然による「浄土仏教の一大転換」以前のものです。だから俗信的であり、土着的であり、身体的です。

内田 はい、はい。

釈 補陀落渡海も「南無阿弥陀仏」と書いた帆を掲げて出ていきました。観音の補陀落と阿弥陀仏の西方浄土、そういった異界への信仰が交錯しています。仏教のコスモロジーを凌ぐ、異界への憧景と近親性がこの地の特性です。

那智の滝ですが、いままでも私は瞑想や禅といった身体技法をいろいろ体験してきましたが、あの滝はちょっと危なかった。宗教ってやはりギューッと凝縮する方向、その世界に入り込む方向に行くんですね。那智の滝にしても神倉神社にしても、異界に引きずり込む力が強い。だからそのベクトルを解放する装置も一緒に設定されていないと危ない。

そういう意味では、神楽殿《かぐらでん》で神楽を見たり、みんなで田楽を踊ったり、今様をうたうのは、解放の装置になるわけです。だから今様を好きだった後白河法皇はなかなか大したところがあるなと思うんです。ギューッと濃縮したままでは日常生活を営めない。だから宗教と芸能・音楽・アートといったものは、車の両輪のような関係なのです。

内田 そう思います。ちなみに、那智大社の場合は、那智の滝という圧倒的な宗教的な装置が存在するので、こういっては悪いけど、「滝以外は何でもＯＫ」っていう感じがしましたね。どんなに俗なものが周りにあっても、それによって滝が持っている宗教的パワーはまったく落ちないから。あれが逆にもし滝の周りに豪華な社殿とか土産物店とか何もなくて、質素な拝殿がひとつぽつんとあるだけという禁欲的な仕掛けになっていたら、参拝した人は一発でやられちゃったんじゃないですか。そのまま「あっち」へ行っちゃって、現実に戻れなくなった人が出て来たと思う。

釈　それは目からウロコのご指摘です。

内田　お土産物屋が軒を並べているような世俗的な舞台装置って、那智の滝の場合は、滝の宗教的なパワーを緩和するためのものだったんじゃないかな。あれがあるおかげで、人間たちが手頃な宗教的パワーを受け取れる。

釈　なるほど、そう見ますか。いくつか腑に落ちるところがあります。

内田　聖地のそばに世俗的なものが拡がるのって、ひとつはそういう人間の弱さを守るという働きがあってのことじゃないかな。「聖地はスラム化する」というのは、大瀧詠一さんの名言ですけれども、聖地の周りに世俗のものが拡がるのは、別に聖地を穢しているわけじゃなくて、聖地の発する人間的スケールを超えた力を制御して、宗教的に成熟していない人間にでも「服用可能」な強度にまで抑制する。そういう働きをめざしてしていることじゃないんでしょうか。

釈　たしかに、滝に行くまでの俗っぽさが那智は……。

内田　半端じゃなかったですよ（笑）。

釈　それでけっこう気持ちが萎えていたんですけども、滝でバッと元気になれました。よく考えたら、あのような俗を通って聖に行くプロセスが必要なのかもしれません。

内田　パワーの強い憑代を持っている神社仏閣には、うんざりするほど世俗的な観光装置や金儲け装置みたいなものが付着していますよ。そうすることで、無意識にバランスを取っているんじゃないかな。

釈　じつは僕、最後の那智の浜に行って、「あ、これは凝縮したままでつき進んでいきそうになるな」っていう感じがしました。それまで濃密な聖地を通って、浜に着いたでしょう。だから、今日の我々にとってももう少し解放系の装置があればいいのになあ、と思ったんです。もしかするとかつては熊野の山の中で修行に専念しているうちに、最後は補陀落渡海をするしか落としどころがないって人もいたのではないか、そんな気がしました。それほど熊野の土地の宗教性は強いものがあります。だから、どこかでガタッと脱臼させる装置があれば。また別の回路が開きますから。

内田　ああ、そうですね。たしかに。それにしても「脱臼」っていうのはいい表現ですね。

釈　え、内田先生に以前教えていただいた言葉ですよ。

内田　あら、自分でいっていた言葉をほめてしまった（笑）。

釈　（笑）。いずれにしても、宗教ってやっぱり濃縮と解放という両輪が必要だという気がします。

内田　そうですね、必要ですね。

釈　とまあ、いろいろ申しましたが、結論としては、熊野は大したものだったっていうことでよろしいでしょうか（笑）。無理になんやかやと言葉を尽くしても、熊野の正体を解明することにはならない。

内田 いや。素晴らしかったです。揺るぎないパワーを感じました。熊野はすごいです。

釈 さすがに古代から多くの人々を魅力してきただけのことはありました。また、もう数百年は大丈夫そうだと実感もできました。

内田 大丈夫でしょう。だって、近代化とか観光化とかって、熊野ではこれ以上増える余地がありませんからね。もうビジネス優先の世俗的なものは熊野からは消えていくだけでしょうから、これからはむしろ熊野の宗教的・霊的な牽引力はしだいに強まっていくんじゃないでしょうか。

釈 黒潮、半島、川、岩、森林……、熊野の地が本来内包している「野性を喚起する能力」に、人間の宗教的情念がシンクロしている。ここに来れば、複雑な思索がなくてもそのことを実感できます。いままでの我々の聖地巡礼は、大阪の上町台地を筆頭に、埋もれている霊性を敢えて抽出する作業でしたが、今回は全然そんな必要がないくらい全部剥き出しでした。

内田 今回は埋もれた霊性の発掘なんていう作業をする必要がぜんぜんなかったですね。

釈 ただただ、感心するだけという。

内田 ご馳走さまでした。

釈 ありがとうございました。

内田 たいへんけっこうな聖地巡礼でございました。巡礼部の皆さん、今回も楽しい巡礼の旅にご同行いただきまして、ありがとうございました。

＊1　火車　死体を食べに来る妖怪のこと。

＊2　ネクロフィリア　異常性欲の一種で死体に対する性愛、また姦淫すること。

＊3　弥彦神社　新潟県西蒲原郡弥彦村にある神社で、弥彦山を神体山として祀る。

＊4　丹生都比売神社……和歌山県伊都郡にあり、祭神の丹生都比売大神（にうつひめのおおかみ）の名前の「丹」は朱砂の鉱石から採取される朱を意味する。古代邪馬台国の時代からその鉱脈があったとされる。

＊5　法燈国師（一二〇七〜一二九八）　鎌倉時代の臨済宗の僧侶、心地覚心（しんちかくしん）のこと。臨済宗建仁寺派の妙光寺を開創。亀山上皇、後醍醐天皇より法燈国師諡号。

＊6　脚下照顧　禅家の語で、自己反省を促す言葉。他人に対して理屈をいう前に、自分の足元、つまり本性をよく見つめて気をつけよの意。

＊7　トロブリアンド諸島　現在の正式名はキリウィナ諸島。イギリスの社会学者マリノフスキーにより記録されたクラ交易で有名になった。

＊8　増基法師（生没年未詳）　平安中期の僧・歌人。増基が書いた紀行文『いほぬし（増基法師家集）』の中には、京都から熊野の本宮や新宮、花の窟神社などをめぐった熊野詣の様子が描かれている。

＊9　傀儡　歌にあわせて舞わせる人形劇、またはその芸にたずさわる者の呼称。

＊10　エルトゥールル号遭難事件　一八九〇（明治二三）年、オスマン帝国の軍艦が台風にあおられ遭難し、五〇〇人以上の犠牲者を出した。一方で、地元住民たちの救護活動などにより、六九人が救助された。

＊11　アンドレ・マルロー（一九〇一〜一九七六）　フランスの小説家・政治家。代表作に『人間の条件』『王道』など。ド・ゴール政権で長く文化相をつとめた。

chapter 3

おさらい

どこへ行ったの？　聖地巡礼

（第１回の大阪から第４回熊野まで）

於：朝日カルチャーセンター中之島教室
（2013年9月18日）

最近のトピック

釈　さて、例によって出だしは、雑談から入りたいと思います（笑）。最近の面白いトピックスなどはありますか。

内田　今朝、近所に住んでいる朝日新聞の人が取材に来たんです。「出社前にインタビューしたいんですけど」って依頼してきたの。横着な記者だよね（笑）。僕も負けずに横着なので、「何だったっけ、今日の取材？」って聞いたら、「聖地巡礼です」っていうので、ちょっと驚きました。『聖地巡礼　ビギニング』を取り上げて記事にしたいというんですよ。「この本、すごく面白いですね」って、僕たちのこの企画の本質をよく理解してくれていたのでうれしくなっちゃって。

それでつい風呂敷を拡げて、日本的霊性の発動とか武道と能楽とか、西洋と日本の文明の自然観の違いとか、現在はある種の文明史的に危機的な状況の中にあって、その理由は先人たちが培ってきた自然や「人間を超えるもの」と対峙するときの伝統的な作法を現代人が忘れているからだ、と。そういう話をしたんです。

西洋と日本にとっての自然

内田 ヨーロッパにおいて自然は、攻撃的で威圧的なものとして観念されている。だから、人間は、それと対立し、攻略し、支配し、収奪しようとする。ですから、その場合にはテクノロジー、科学技術が人間と自然の間のインターフェイスになる。人間と「人間を超えるもの」との間を架橋するものが「機械ベース」なんです。機械的なものを介在させることによって、自然の巨大な力を人間世界の中に取り込み、有用なものに変換させる。

でも、日本は違う。それはこの温帯モンスーンの列島の自然がヨーロッパのそれよりもはるかに人間に優しいからです。列島の自然は温和で、融和的で、共生可能なものとして人間を受け容れてくれる。自然と人間世界のインターフェースがとても柔らかいんです。だから、自然の大きな力を取り込むために使ったインターフェースは機械ではなくて、身体だった。自然と人間世界を架橋するものが「整えられた身体」だった。だから、自然から大きな力を取り入れて、それを人間にとって有用なものに変換することを目指した人たちは、機械をつくるよりもまず自分の身体を整えた。感受性を高め、運動精度を高めて、自然と人間世界の間を架橋できるだけの能力を開発しようとした。

その「身体を整えるシステム」が平安末期から戦国時代にかけてしだいに完成されていっ

た。平安末期に武芸がまず整備され、鎌倉期に仏教が土着化し、室町時代に能楽が完成した。これらはどれも身体を供物として捧げることで強大な野性の力を人間世界にもたらしてくるための技術だったと僕は理解しています。

でも、いまの日本ではそのような伝統的な文化はもう壊れている。西洋のように自然と人間の間はもう「整った身体」ではなく、「性能のよい機械」が媒介しています。自然と人間世界の間を媒介するのが生身の身体であるというのは、とても大事なことだったんです。人間的スケールを超えるもの、人間の身体をどれほど拡大しても強化しても「それ」を通すことができないものは、人間世界には入ることができなかった。でも、媒介するのが鉄やコンクリートでできた機械なら、人間の身体では耐えられないものも人間世界に入り込んでくる。

人間の身体では架橋できないにもかかわらず人間世界に入ってきてしまったもの、その最たるものが原子力です。福島の原発事故は「身体ベース」で野性の力を採り入れるという文明史的な伝統を日本人が失ったことの帰結だったと思います。その伝統を失ったせいで、いま日本社会は次々とシステムが機能不全に陥り、瓦解しようとしている。日本人たちもだんだんそのことには気づきはじめていると思うんです。自分たちが人類史的、文明史的に間違った方向に踏み込んでいることに。

釈　その記者が聖地巡礼に注目したのは、そうした気づきとリンクしていると。

内田　そうみたいですよ。『聖地巡礼』っていうタイトルを見たときに、「あっ、これだ」って思ったらしい。「聖地」も「巡礼」も、どちらも我々の日常生活の中では死語なのにね。

アニメにおける「聖地巡礼」

釈 でも一方で、宗教とは違う特定領域で「聖地巡礼」という言葉をしばしば耳にしますよ。

内田 そうなんですってね。

釈 オタクとかアニメの「聖地巡礼」。

内田 なるほど。ちょっとその話をしてくださいよ。

釈 じつはよく知らないんですけど(笑)。『ガールズ&パンツァー』というアニメがあるそうです。それはある特定の地域を舞台にしていますが、その地域にあるお店の位置や店員さんまでもが忠実に描かれている。だから、そのアニメが好きな人はその地域やお店に行くことを「聖地巡礼」って呼んでいるんです。それは要するに、「その場に自分の身を置いて楽しむ」という行為ですね。

文化人類学などではもう七〇年、八〇年ぐらい前から、「現代人の身体性はどんどん枯れていくだろう」といわれていて、まさにその通りになってきています。身体と場は密接なものがあって、場に身を置かないと身体性は賦活しない。アニメにおける「聖地巡礼」が流行っているのは、そういう感性が注目されはじめているということなのでしょう。

アニメーターの直観

内田 アニメからはじまったっていうのが、ちょっと興味深いですね。アニメの場合なんて、記号でいいわけじゃないですか。「学校」を表現したかったら、「学校みたいなもの」をちゃっちゃと描けば済む。舞台になる学校がどんな建物であるかなんか、本来、ストーリーとあんまり関係がないはずですからね。にもかかわらず舞台を妙に写実的に描き込むということは実際にあるんですよ。

カトリックの高校を舞台にした劇場公開のアニメで『空《から》の境界』っていうのがあって、とてもびっくりしたんです。神戸女学院が出てくるんですよ。

釈 そうなんですか。

内田 ヴォーリズの設計した建物がそのままアニメに出てくる。実際に学校に取材にきて、写真を撮ったり、スケッチして帰ったらしいです。だから、アニメでもほんものとまったく同じように描かれている。アニメに自分の研究室がそのまま出てきたのでびっくりした先生が数えてみたら、ブラインドの数まで一緒だったんですって。

釈 ほう。

内田 すごいですよね、その執念。ほんとうにあるものを異常な精密さで再現しなければならないとアニメーターを衝き動かしていたのは何なんでしょう。だって、神戸女学院の校舎の内部を精密に再現しても、誰にもそのすごさはわからない。わかるのは神戸女学院の中にいる人間だけですよ。「おー、これ何だ！　ほんものそっくり」って驚くだけの話なんです。

釈　作り手として、そこに労力をかける必要はないですよね。

内田　ぜんぜんないんです。にもかかわらず、そこに異常な手間暇をかけた。それはたぶん作家さんが直感的に、ヴォーリズという作り手が建物に注いだ情熱と、そこに暮らした学生や教職員たちが堆積させてきた愛着のようなものを感じ取って、それを精密にトレースすることで、何かこの建物が秘めている力を再現したいと思ったからじゃないでしょうか。精密に描けば、そこに出現するものがただの記号以上の力を発揮すると直感していたからなんでしょう。

釈　身を置いて初めてわかることってたくさんありますよね。今回、我々のこの聖地巡礼も、その場所に身を置くことでリアルに感じることを大事にしています。

内田　行かないとね。行かないとはじまりません。

クジラの戒名

釈　この前、お坊さんの会合に呼ばれて、山口県長門市の仙崎に行ったんです。金子みすゞが生まれた場所で、かつては捕鯨で大変賑わっていました。そこでは、捕ったクジラ一匹一匹にちゃんと戒名を付けて法要していたみたいです。みすゞには、「鯨法会」というタイトルの詩もあります。

内田 へえ。

釈 クジラのお墓は日本全国で五十数カ所あるそうです。仙崎では、クジラを捕ってお腹を裂いた際に、中から胎児が出てきた場合は、布にちゃんとくるんでその胎児のお墓もつくる。仙崎にはクジラの胎児のお墓が八十近くあるんです。胎児ですから、海に戻しても生きられないですからね。

内田 お腹を切った時点ではまだ生きている。

釈 そうなんでしょうね。だからこそ仙崎の人々の思いも複雑なところがあったのでしょう。そこに行くと、漁師の人たちがいかに痛みを感じながら魚やクジラを捕っていたのかをビリビリと感じる。すると、あの金子みすゞの詩が、ものすごいリアルに響いてくるわけです。「朝焼け小焼けだ大漁だ。大羽鰮の大漁だ。浜は祭のようだけど、海の中では何万の鰮のお弔いするだろう」……。もう、この言葉の群が、ど〜んとくる。

内田 なるほど。

釈 クラクラするぐらいです。その土地に根づく信心・信仰が持つ振動を身体で実感できました。

成り立たない対談

釈　金子みすゞでクラクラになって大阪に帰ってきたあと、対談したのがマンガ家の西原理恵子さん。一転して「欲望肯定系」といいますか（笑）。家族とお金の話がさく裂する（笑）。

内田　いったいどういう企画だったんですか。

釈　『FOLE』っていうみずほ総研が発行している月刊誌で、毎月、対談のホストをしているんです。とても楽しいお仕事なのですが、どうも最近、そのページの担当者さんたちが、わざと「対談のむずかしそうな人」ばかりを選ぶんですよ。私が困惑するのをねらっている気がしますね。

この前お会いした人なんか、すごい変人でしたよ。大阪大学の石黒浩さんなんですが。

内田　あ、ロボットの人。

釈　はい、アンドロイドの研究者。世界の天才百人に選ばれた鬼才です。我々の友人である大阪大学の仲野徹先生に「この前、石黒先生と対談したんですよ」って話したら、「えっ、それはタイヘンだったでしょ」といわれました。実際、タイヘンでした。だって、こちらの話をまったく聞かないんですから（笑）。

しかも、話が盛り上がってくると、私が住職をしている如来寺の御本尊をアンドロイドにさせてくれって言い出すんですよ。何回もお断わりするのですが、なかなかあきらめないいんです。本気なんです。

内田 本尊をアンドロイドにしたい……って、どういうことなんですか？

釈 アンドロイドの阿弥陀如来をつくって、動かしたいっていう。

内田 いまの阿弥陀如来はちょっと引退してもらって。動くやつを自分がつくるから、と。

釈 本気で思っているんですよ！

内田 動く阿弥陀如来をご本尊にして、何をしようっていうんですか！

釈 そうしたら、もっと人が集まるというんです。

内田 それは集まりますよ。集まるけど、意味が違うでしょう（笑）。

アンドロイドで講演する

釈 その対談の中で、夫婦喧嘩の話になったんです。石黒先生はどんな夫婦喧嘩をするかというと、「女房にしゃべらせるだけしゃべらせる。それで一通り終わったところで、女房がしゃべった言葉をホワイトボードに全部書いて、論破するんです」。「ほぉ〜、それでうまくおさまりますか？」、「いや、さらに女房は激怒します」って（笑）。

内田 愉快な人ですねえ。

釈 ちなみに自分とそっくりのアンドロイドをつくっているんです、40歳くらいのときに。

内田 自分のアンドロイド？

釈　もうそっくりなんですよ、石黒先生に。それで、講演がバッティングしたときは、一方を自分が行って、一方はアンドロイドに行かせる。

内田　え！　音声を仕込んであるんですか。

釈　いや、アンドロイドは遠隔操作で自分がしゃべる。質疑応答も遠隔操作でご本人がやるんです。そうすると、離れた二カ所での講演・質疑応答が可能です。見た目もまったく変わらないので、「僕が行っているのと一緒でしょ」っていってました。ちなみにその四〇歳でつくった自分のアンドロイドに似せて、ずっと「自分」を整形し続けているそうです。アンドロイドは変わりませんが、ご本人は加齢していく。そうなると似なくなってくる。アンドロイドに自分を合わせているんです。

内田　なんだかすごい人ですねえ。

釈　ねっ、すごい変人でしょ（笑）。

内田　でも、話は面白いですねえ。

釈　会話は弾みましたよ。先生の秘書の人も、「こんなに会話が弾んだのは初めて見ました」って。私、わりと変わった方のお相手は得意なのかもしれません。

アンドロイドは歩けない

釈 そうそう、話は変わりますが、二足歩行のロボットって、人間とはまったく別の理屈で歩いているらしいですよ。だから現在でも、人間の理屈で歩けるロボットはつくられていないそうです。アンドロイドも、まだ歩くことはできない。ずっと座っています。ちなみに、人間の脳と同じ働きをするメカをつくるには、大きな発電所一個分くらい、五百万キロワットの電力が必要なんですって。

内田 へえー。

釈 だから、少なくとも自分が生きている間には、ほんとうの意味で人間に近い、人間の心を持ったアンドロイドはできないだろう、っておっしゃっていました。人間の脳は、一キロワットとか、それくらいで動くらしくて。

内田 そんな微弱な電流で動いているんだ。

釈 人間は、あっちこっちで「歪み」や「ひずみ」を起こしている。それをエネルギーに変換して、脳を動かしているそうです。

内田 面白いですねえ。

人間が四足歩行を選んだ理由

内田 話のついでに直立歩行の話をしていいですか？ 赤ちゃんてハイハイで四足歩行しますよね。このハイハイの仕方は別に文化的な差異ってないんです。定型がある。世界中のどこの赤ちゃんも同じような仕方でハイハイする。でも直立歩行はすべての社会集団ごとに歩き方が違うんです。一歩歩けば、それだけで自分がどこの集団に属するのかわかるように、示差的に構築された身体運用技術なんです。

村上春樹さんのエッセイにこんな話があるんです。村上さんがイタリア人の友人に連れられて、彼の故郷の村に行ったときの話。そのイタリア人は自分の村から二キロしか離れていない隣の村のことを「中国（キノ）」と呼んでいる。「あそこの村の人たちは歩き方が変だから」。世界中どこに行っても、あの村の出身者はひとめでわかるって。

そもそも、直立歩行って理に適っていないんですよね。健康のためには四つ足歩行のほうがいいに決まっている。人間のさまざまな疾患、腰痛とか痔って、直立歩行するせいですからね。

では、なぜ人間は二足歩行を選んだのか。これは僕の仮説なんですが、それは二足歩行には「正しい歩き方」が存在しないからなんです。定型がない。そもそも不自然な歩行法だから、必ずバランスを崩す。バランスを崩して、それを補正するためにまた違う崩れ方をする。

その繰り返しですよね。システムが絶えず壊れ続けることで成立している歩行法なわけですから、標準的、合理的な歩き方というのが存在するはずがない。これがシステムを作り出すというのなら、いちばん効率的で、合理的なやり方が存在するはずですけれど、そうじゃない。システムを崩す仕方ですから、定型になりようがない。だからこそ、「歩き方」はすべての人間の自由に委ねられた。そして人間は健康より自由を選んだ。そういうことだと思うんです。

前に釈先生と名越康文先生と鼎談したとき、名越先生がご自分の赤ちゃんのハイハイのときの足の裏がどれほど見事に動いているか、詳しく話してくれましたよね。そんなふうに効率的に四足歩行ができるにもかかわらず、とにかく赤ちゃんは立ち上がりたがる。うまく立てないと悔しくて号泣する。なんで赤ちゃんがそんなに立ちたがるのか。より効率的な動きを求めてではないですよね。

釈　ハイハイで、すごく上手く動いているにもかかわらず、ですね。

内田　赤ちゃんは運動性能を上げたいわけじゃない。身体運用上の自由がほしいんです。自分で自由に歩き方を創造できるという身体運用上の自由を求めて泣いているわけですよ。

これじつは、能の歩行の稽古をしているときにわかったんです。中世日本人の歩行法がなぜ現代日本人にとってはこれほど難しいのか。昔も今も、効率的に身体を使いたいという動機に違いはないはずなのに、これほどまでに身体の使い方が違う。なぜか。あらゆる人間は試行錯誤の末に、すべての人間にとってもっとも合理的な身体の単一の使い方に帰着するだろうと僕たちは漠然と思い込んでいますけれど、よく考えたら、そんなはずはないんです。逆なんです。人間が求めているのは誰にとっても合理的な標準的な身体運用の正則ではなくて、無数の運動の選択肢のうちからひとつを選ぶことのできる自由なんです。中世の日本人は彼らの気に入ったひとつの歩き方を選択し、現代人は別のひとつの歩き方を選択している。その違いがあるだけなんです。どちらかが正しくて、どちらかが間違っているという話じゃないんです。

これまでの巡礼を振り返る

釈 さて、冒頭にも話題になりましたが、「聖地巡礼」という行為が注目されています。雑誌やテレビなどでも、そういった企画を目にすることが多い。

内田 そうですね。

釈 我々も行なっているわけです。我々の場合、さまざまな地域に潜む宗教性を感じ取る行

江戸時代の堺の様子（モンタヌス『日本誌』・堺市図、堺市博物館所蔵）

為そのものを「聖地巡礼」と称しています。テーマは「場と関係性」だろうと思われます。関係性によって生み出される場があって、そこにいくつかの要素が組み合わさると、宗教性が発生する。それを我々は「聖地」と呼ぶ。それら「聖地」がある地域や土地の有り様を賞賛していこう、というわけです。

内田 なるほど。

釈 では、いままで歩いた場所を、写真を使って振り返ってみましょう。

内田 振り返りましょう。

釈 先にお断りしておきます。第一回の大阪の画像ですが、部分的に大阪町歩きのリーダー・陸奥賢さんにお借りしました。陸奥さんは、かつて大阪にあった「七墓参り」の復活プロジェクトもやっておられます。今日も会場にお越しです。

第一回　大阪の上町台地

釈　右の絵は江戸時代の堺の様子だそうです。陸奥さんの話によると、我々が最初に歩いた上町台地の周辺もおそらくこれに近いような風景だっただろう、ということです。断崖絶壁があちこちにあって、船着き場もたくさんあるという。

内田　この船、中国の船っぽいですね。浙江省とか福建省あたりから来ているって感じがしますね。

釈　そうか、そうですね。

内田　江（弘毅）さんのご先祖だって四代前に福建省から岸和田にきたんでしょう。江戸時代の堺のあたりにはけっこうたくさん来ているんですよ。

釈　なるほど。そうですね、堺もやはり巨大な玄関口だったわけですから。

内田　ええ。

釈　こうして見ると、ほんとうに大阪の上町台地って、すぐ下は海だったんですね。

内田　そうですね。

釈　四天王寺の西門です。第一回目に上町台地を縦走したときはちょうど春のお彼岸の時分

四天王寺の西門から見た夕日。

でしたので、西門の真ん中に夕日が落ちていく感じでしたね。

内田　ビルとか電柱とかって、ほんとうに腹が立ちますね。

釈　あのときも怒っておられましたねえ。

内田　だって、この門から見おろす大阪湾の風景って、日本文学史の中に残る歌枕なんですよ。その四天王寺の西門から日没を見る瞑想的風景の真ん中に交通信号がある。言語道断ですよ。

釈　ここでは内田先生に謡曲を朗誦して頂きました。大変ありがたい経験でした。

釈　左の上のイラストは千日前の墓所だそうです。千日前は犯罪者を処罰する場所でもありました。そして、画面の下あたりに黒い門があります。これが現在の黒門市場の名称につながったそうです。千日前という呼称も、千日参りや千日念仏からきているんでしょう。

　墓所といえば、かつての大阪では都市を要所要所に取り囲むように墓所がありました。そ

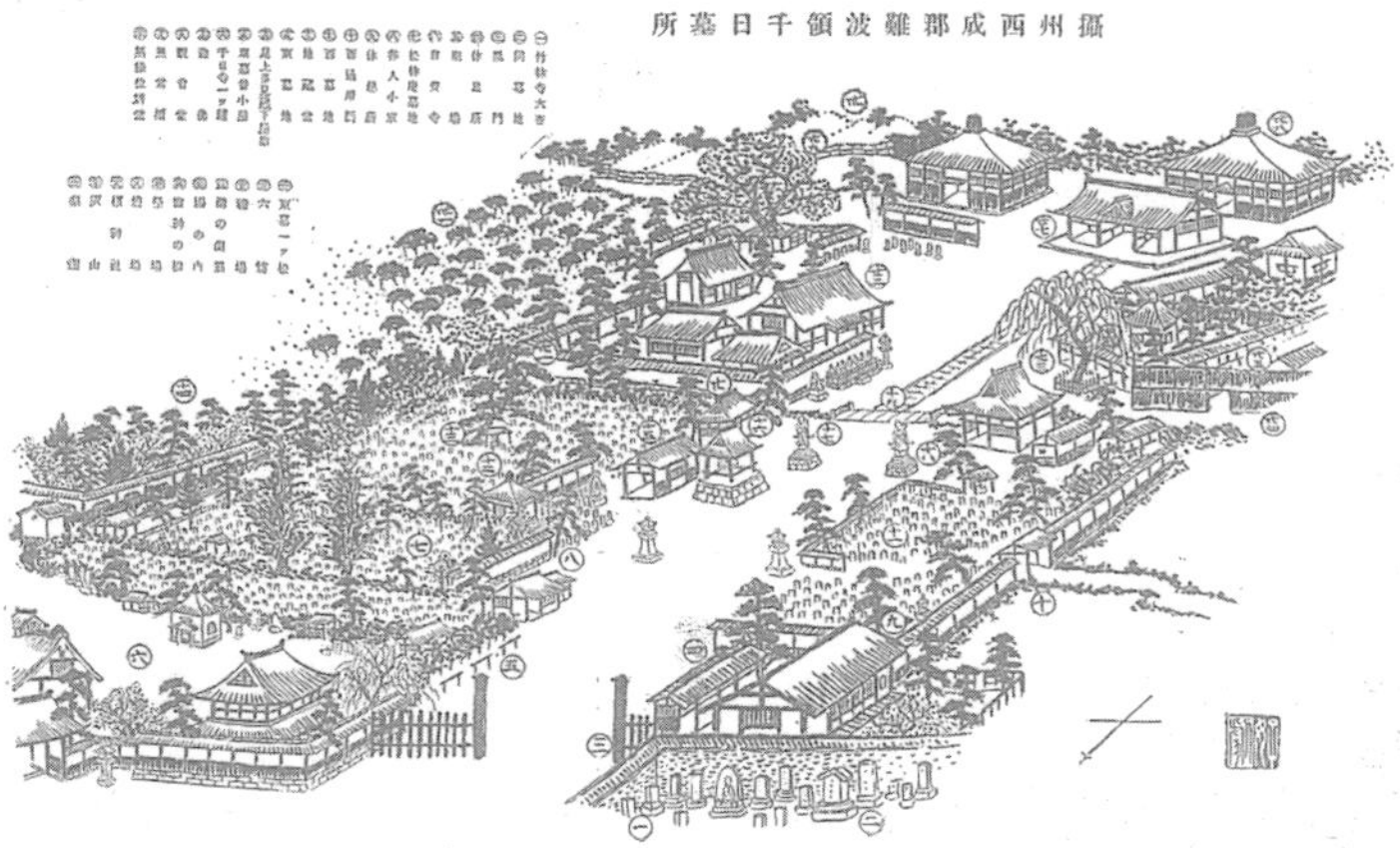

千日前の墓所（『郷土研究上方第10号』、大阪府立中之島図書館所蔵）。

千日参り（『郷土研究上方56号』、大阪府立中之島図書館所蔵）。

の中には無縁墓地もたくさんあったのです。その墓所を七ヵ所巡るのが「七墓参り」です。七墓は、いくつかバリエーションがあったようです。有名なところでいいますと、梅田、南濱、葭原、蒲生、小橋、千日、鳶田あたりですね。

大阪中心部は都市ですから、さまざまな人や文化が流入してきます。つまり、地縁血縁のない人たちが暮らせる場所でもあることに大きな特性があるわけです。

内田 はい。

釈 その人たちが亡くなると、無縁墓に埋葬されることが多い。だから大阪の人たちは気の毒に思って行列をつくって、無縁のお墓をお盆に七ヵ所巡っていたのが七墓参りというわけです。このお参り、実際にはお酒飲んだり芸者さんを連れていったりして、どんちゃん騒ぎだったようです。そして、江戸時代には質素・倹約の生活をせよという自粛命令が出た際にも、「お墓参りじゃないか」とうそぶいてやめなかったそうです。明治になるまで続いてきました。ところで陸奥さんによると、近年、それらのお墓がどんどんなくなっているらしいです。つい最近までお祀りしていた無縁墓が、いきなり撤去されている。

内田 行政が撤去したんですかね。

釈 そのようです。梅北の北ヤード界隈の無縁墓もなくなっていたそうです。

内田 ほんとうに梅北はいけないねえ。行ったらお墓がなくなっていた、と。

釈 つい最近まであったのに、何もなくなっている。

船岡山・建勲神社。

内田 その上にグランフロントができている。悪いけど、祟られますよ。そういう罰当たりなことをしていると。

第二回　京都、蓮台野と鳥辺野

釈 さて、これは京都編です。最初に行ったのは船岡山でした。向こうの方に比叡山が見えまして。ぽこっとこう、丘みたいになっていましたね。

釈 そして、次は千本ゑんま堂（写真次ページ上）です。寺内のこの部分はちょっと何かチープ感が……。

内田 これは割といい絵柄ですけど、実際はもっとチープで世俗的でしたね。

釈 ちょっとタイガーバームガーデン系的な。以前、内田先生はこれをキッチュと表

千本ゑんま堂。

スペースＡＬＳ-Ｄで、話を聞く巡礼部員。

現されました。御本尊閻魔法王は強烈な迫力があり、お堂は生と死の境界線を表現している。それと同じ領域内に、世俗の情念を引き受けるような部分もある。かなりユニークな性格を持つお寺です。

内田 そうですね。

釈 ゑんま堂の御住職は本当に親しみやすいお人柄で、これから紹介する甲谷匡賛さんの師僧様でもあります。

そして、その甲谷さんが暮らしているスペースALS-D（写真右ページ下）です。こういう場所が組み込まれているところに、我々の聖地巡礼の大きな特徴があると思います。甲谷さんは、ALS-D（筋萎縮性側索硬化症）という難病になられたあとに出家され、現在は介護をされている方とともに毎日、神社仏閣をめぐり、「巡礼」されています。

内田 甲谷さんて不思議なたたずまいの方でしたよね。あのときもそういう話が出ましたけれど、甲谷さんが一種の「生き仏」になっていて、彼をご本尊とした霊的な空間が同心円的に拡がってるという感じがしましたね。神社の祭神さまも仏閣のご本尊も自分から動き出して何かするわけじゃない。祭祀の中心にあるものは身動きせず、何も語らないけれど、それを中心として場が整ってゆく。だから、本来の人間集団では、病人であったり、幼児であったり、老人であったり、その人自身は何もしないし、何もできないという人が集団統合の中心になったんじゃないでしょうか。

空也上人像（提供：六波羅蜜寺）

釈　これは空也上人の像ですね。

内田　アバンギャルドですよねえ。

釈　でも、内田先生の学生時代からのお友達が最後まで、「どうしてあんなのが口から出ているの？」って。

内田　いってましたね（笑）。

釈　さて、次は西大谷です。

内田　すごかったですねえ。鬼気迫るものがありました。

釈　この日は小雨が降っていました。もはや夕暮れでしたので、何ともいえない気分でしたね。この道をずっと登っていくと、ついには清水寺の裏に出る。

内田　はい。

釈　ぜひ、清水寺の参道じゃなくて、この西大谷を通って清水さんに行って頂きたいですね。我々のお勧めルートです。ここは古代から続く、死体遺棄場所ですからね。

内田　七墓巡りもそうだと思うんですが、ここも都市の結界部分ですね。

西大谷、鳥辺野の墓地。

釈　そうなんです。

内田　都市というのは本質的に自然を排した人工的空間ですよね。人工物で埋め尽くされていて、自然はばらばらに寸断され、パッケージされた形でしか都市には登場することができない。その都市において発生する唯一の剥き出しの自然、それが「死体」なんです。

釈　なるほど。

内田『方丈記』に「京の習ひ、何わざにつけても、みなもとは田舎をこそ頼めるに」とありますように、都市住民は田舎から自然を取り入れて、商品として消費することでかろうじて生きている。都市内部には自然がない。でも、その当の都市住民は死んだ瞬間に「自然」になる。この消費できない自然物である死体をどう処理するか、これが都市の大問題だったわけです。死体を域外に排除するための仕掛けは、さっきお話した自然と人間世界を架橋するインターフェースと本質的には同じものであるわけですけれど、墓所はその機能を担っています。

釈 実際にその場に身を置くと、「インターフェース」だと実感できます。

内田 そのインターフェースを出入りする「この世ならざるもの」から人間の世界を護るためには、やはりしっかりとした「ゲート」がなくてはならない。それが清水寺だったというわけですね。

釈 まさに古代からの生者と死者の結界部分でした。

内田 京都には鳥辺野、化野《あだしの》、紫野という死体を遺棄する三つのインターフェイスがあったわけですけど、どれも霊的にがっちりガードされていますね。自然界と人間界の間をつなぐ「出入り口」は専門家によってきちんと管理されたものが少数あるだけで十分で、あまりむやみにつくるものじゃなかったんでしょう。

釈 それにしても、このあたりは少し場の力が強すぎます。近代自我なんて、つぶされそうになるくらいです。

内田 これらの墓石はひとつひとつがすべて「死体」だと思って見るべきなんでしょう。それこそ何万何十万という死体がこの谷に投げ込まれて、土に還っていった。それがすべてここに蓄積されている。そういう特殊な場だけが持っている固有の空気がありましたね。

橘寺の全景。

釈　先生はこの場所が京都の繁華街のすぐ近くにあることにも、かなり驚いておられましたね。

内田　そうなんですよね、観光地と歓楽街のすぐ横に巨大な墓所があるんですから。

第三回　奈良、橘寺と三輪山

釈　さて、奈良編に入りました。

内田　橘寺ですね。ここはほんとうに気分のよいお寺でしたね。

釈　気持ちのいい場所でしたね。飛鳥はホント、田舎なのですが、平地の間にポコポコっときれいな稜線で大和三山が見える。麗しい国ですよね。

内田　神武天皇の東征でも、定住地を探して九州から出てきて、大和盆地に落ち着くわけですけれど、やっぱり落ち着くだけのも

狭井神社内にある三輪山登拝の入り口。

のがここにはありますね。住むならやっぱりここだっていう感じがしますもの。

釈　そして次に、大神神社に参りました。

内田　ここは拝殿だけで、ご神体は三輪山なんですよね。

釈　上の写真は大神神社の摂社、狭井神社です。これがご神体・三輪山の入り口で、ここから先はおしゃべりも写真もダメっていう、そんなところです。

内田　この後、みんなで三輪山に登りました。

釈　奈良についていえば、北部には東大寺とか興福寺とか仏教の思想体系が組み込まれた、ロゴスティックな都市がある。一方、吉野などの南部は、むせかえるような土俗性、宗教的情念が湧き上がっているような場所です。そういう二面性が奈良の魅力かと思います。これを私は、前者をヒコ奈良、後者をヒメ奈良、などと呼んでおります。

大斎原近くの河原から熊野川を眺める。

第四回　熊野

釈　ここからは『聖地巡礼ビギニング』には載っていない、熊野行きの様子を特別にご覧に入れます。

上の写真は、明治の洪水で流されるまで熊野本宮大社があった大斎原《おおゆのはら》という場所の少し横の中洲です。現在の本宮大社は、ここから山を登った場所に移築されています。大斎原は元々の本宮大社の社殿があった場所です。いまは、更地になっています。なんと、これがすばらしい場所でした。

内田　いまの本宮よりも明らかに宗教的トポスとしては、格が上、とまあ、そういうのも変な話ですけどね。

釈　更地で、何もないのに「聖地感」があふれていました。

神倉神社。

内田　ありましたねえ。

釈　次は神倉神社です。もう五百段以上の……。

内田　石段が続く。

釈　かなりきつい行程でした。

内田　馬越君が祝詞をあげてくださいました。

釈　巡礼部には神職さんがおられて、プロテスタントの牧師さんがおられて、僧侶である私もおりまして。

内田　神道、キリスト教、仏教、なんでも来いという。

釈　どの場に行っても、ある程度対応できる（笑）。そして、ゴトビキ岩という巨岩がありました。

内田　岩がご神体でしたね。

釈　そうなんです。どうして転げて落ちて

湯の峰温泉。

いかないんだろうっていうようなたたずまい。山の斜面の岩が下からも見える。巨石信仰です。

内田 海からだとはっきり見えるらしいです。花の窟神社もそうですけれど、海からどう見えるかが重要なんですね。

釈 海を移動する人々にとってはランドマークでもある。そういったものは、やはり聖性を帯びていきます。これも典型的な事例でしょう。

釈 上の写真は湯の峰温泉です。日本最古の温泉だそうです。一遍という中世の念仏者もこちらを訪れました。先生、ここの温泉はいかがでしたか？

内田 はい、たいへん結構でございましたよ（笑）。

花の窟神社。

釈　こちらは花の窟神社ですね。

内田　ああ、たしかにここで呼吸法してましたねえ。

釈　ここは、スピリチュアル全開になります。

内田　南方系のアジア的な空間でしたね。周りの植生なんかもポリネシア風で。ちょっとバリも入ってましたね（笑）。

釈　そういえば先生、熊野＝バリ説っていうのを唱えておられました。たしかに、ここでケチャックダンスしてもよさそうな（笑）。

内田　これもご神体が巨岩なんですよね。巨岩巨石って、ほんとうにパワーがありますね。巨木や滝も含めて、そういう人間的スケールを超えた自然物って、何か神霊的な力がありますね。皮膚感覚にびしびし来ますもの。

釈　日本という国は、北方モンゴロイドと南方モンゴロイドが混在してきた経緯を持ちます。東の端なので海を移動していって、最後の行き止まりみたいな地勢で、いろいろなものが流入して吹き溜まりになった。異物や異質が混在しています。だから、この地で暮らす人々は「場の宗教性」を感じる力が発達します。体系的なロゴスよりも、宗教的パトスが得意といった感じです。

那智の滝。

釈　そして、那智の滝です。

内田　これはほんとうにすごかったです。滝壺のほうは、前の台風のせいで巨岩がゴロゴロと転がっていましたが、那智大社や青岸渡寺に行って、それから回ってきて……。

釈　この滝の近くに来るまでは、「なんだよ、これは」などとブツブツぼやいておられましたが。

内田　ほんとに世俗化してましたから

ね。安っぽいお土産物屋が並んでいて。なんだかダメな聖地だなって思って滝に行ってびっくりしました。五分くらいじっと滝を見てたら、いきなりトランスしちゃいましたから。滝壺に落ちているごろごろした巨岩が浮き上がって、ぐねぐね動いて。強烈な幻覚でしたね。

釈　奥底に閉まっていた変性意識の扉が、かんたんに開いてしまうような「瞑想装置」でした。やはり滝が古代からの行場であるのもわかります。このように古代からある瞑想場所に行くとわかるのですが、おそらく古代人も、人間の脳や心、身体のメカニズムなどを理解していたんですね。

内田　こういう縦に長く落ちてくるタイプの滝って、世界的にわりと珍しいんじゃないでしょうか。幅何キロもある滝というのはよくありますけど。こういう滝って、どこを見ていいかわからなくなっちゃうんですよ。一点を凝視して流れを見るのか、ひとつの水滴の動きを上から下まで追って、流れに巻き込まれてしまうのか。僕がトランスしちゃったのは上から下まで水滴を追っているときでしたね。

釈　そうですね。日本みたいに、峡谷・渓流が豊かな地形でないと成り立たないでしょう。滝行自体、かなり日本のオリジナル性が高いと思います。少なくとも、こんなに滝行が随所で実践されている文化圏はほかにないでしょう。

内田　滝行って、人間の弱さ、小ささ、もろさを思い知るためなんでしょうね。巨大な野性の力に対して、人間の持っている力なんてとても拮抗し得ない、そのことを骨身の染みてわかる経験として行なう。だって、上から岩が一個落ちてきただけで死んじゃうわけですから。

釈 ははぁ、確かに。那智の滝を凝視していると、そのうち「脳内の映像って、外界のそれと必ずしも一致していない」ということがリアルになってくるんですよ。なんだか危険な精神状態になってしまって。日常の薄い皮膜が破れて、それまで「成り立っている」と思い込んでいた景色が変容しはじめます。

内田 そうですよねえ。

釈 自我って薄っぺらい皮膜みたいなもので、簡単に破れるなあと実感しました。

内田 自我は脆いです。

釈 滝に行くだけで破れちゃう。

石巻とむつみ庵

釈 最後に少しだけ、巡礼と関係のない写真を入れてみました。教え子の大学生を連れて石巻の墓地に行って、がれき撤去のお手伝いをしてきました。墓地なので重機を入れるわけにはいきませんので。

内田 なるほど。

釈 手作業しかありません。大きな墓地でしたが、それをひとつひとつ手作業で分けていきました。やはり昔のお骨も出てくるので、学生が「うわーっ」とか、驚いていましたけど。

震災後の石巻の墓地。

内田 墓石を立て直しているんですか。でも、難しいでしょうね。

釈 とりあえず一旦はすべてを回収して、一から再構築されるのではないかと思います。

内田 これは津波でやられたところですか。

釈 はい、そうです。なんとか再構築していただきたい。場の宗教性の力を信じたいところです。

釈 次は私が住職をしているお寺の裏にある認知症高齢者グループホーム「むつみ庵」で、出棺しているところです。むつみ庵はNPO法人リライフが運営しています。昔からの住居をほとんどそのまま使って暮らしていただいています。

むつみ庵では、これまで五人の方を見送らせていただきました。やはり人が亡くな

むつみ庵の出棺。

っていくにつれて、むつみ庵が「家」になってくる感じがしています。

内田 むつみ庵では、亡くなった方のお写真を長押の上に並べたりされていますか？

釈 いいえ、それはちょっと思いつきませんでした。そうしたほうがいいでしょうか。

内田 死者たちが慈愛に満ちた眼差しで見守ってくれているような感じがして、いいかもしれませんよ。

じつは先日、福山にお住まいの方の能楽堂に行ってきたんです。二階が能楽堂で、一階部分がお稽古場と居住場所だったんですが、仏間にはご先祖の写真が掛かっている。そこで着替えていたら、小さいお孫さんが入ってきたので、写真を指差して「あれは誰なの？」って聞いたら、「お爺ちゃんのお父さんとお母さん」とかいって。

「知ってるの?」って聞いたら「知らないけど」って。ちょっと色褪せたセピア色の写真を小さな男の子が説明してくれるのを聞いて、なんかいい感じでしたね。

釈 う〜ん、なるほど。

内田 死者たちが優しい眼差しを曾孫に送っているという感じがしましたね。

釈 死者の眼差しですか。

内田 だから、むつみ庵も「私も死んだらあそこに並ぶのね」って、両国国技館に歴代の横綱の画が飾ってあるみたいに物故者の写真を長押に飾ったらどうでしょう。やはり、自分のことが折に触れ語り継がれることが、供養の最たるものですから。

釈 両国国技館(笑)。

内田 死んだあと、みんな自分のことを忘れて、誰も語ってくれなくなるんじゃないのかっていうのが、いちばんの不安でしょう。どんな死に方をしても、折に触れて自分の話を生きている人たちが語ってくれる、どうでもいいような逸話を話して笑いさんざめいてくれている様子を思い浮かべると、死ぬのってそれほど苦痛じゃなくなる。人知れず死ぬっていうのがいちばんつらいんじゃないですか。

●自分の歴史の担保者

釈 そういえば、認知症の人って、自分の話を一所懸命されるんですね。記憶違いとか妄想も入り混じって、もう繰り返し、自分の話をする。それは「自分がいままで歩んできた道筋を知る人がいなくなっていく」といった苦しみからきているのかもしれません。この苦悩は人間ならではの、根源的なもののように思われます。

内田 うちの父は九十歳まで生きましたが、八十歳を過ぎてからは「友だちが死ぬのがいちばんつらい」っていってましたね。

自分と友人と二人だけしか知らないような経験があるわけです。だから会えば、そのときのことを思い出せる。言い換えれば、彼が自分の歴史の証人であり、自分がどんな人生を送ってきたのかを保証してくれているわけです。でも友だちが死ぬと、その歴史や経験の担保者がいなくなってしまう。自分の身に起きた決定的に重要な出来事であっても、それがほんとうにあったことなのかどうかさえ、そのときかたわらにいた友だちが死んでしまうと、確信を持てなくなってしまう。自分が記憶しているさまざまな出来事も、その証人がひとりひとり消えるにつれて、しだいにリアリティを失い、パラパラと剥離していって、それと共にだんだん自分の存在の確かさ自体が希薄になってゆく……。

釈 老いの苦悩における大きな要素ですね、それは。特に、むつみ庵のように、いままで暮らしていた場所とは異なる場で共同生活を送っておられるのですから。自分のことについて何度も同じ話を繰り返す行為の奥底には、自らの人生の担保が消滅していくプロセスがあるのかもしれません。ご教示いただいた写真の件、さっそく取り組んでみようと思います。

物語を共有するということ

内田 同じ話を繰り返してしまう気持ちって、わかる気がするんです。次々と違う話ができることのほうがむしろ希有なんですよ。自分がした話を相手がしっかりと受け止めてくれて、自分の話の内容が承認され、記憶され、共有されたという確信がないと、別の話に移ることってできないんです。その確信が持てないから「さっきの話、この人は覚えてないかもしれない」と不安になって、また同じ話を最初からすることになる。

たぶん認知症の人は、自分のアイデンティティの基礎づけになる物語を相手が共有してくれたという確信が得られるまで、何十回でも何百回でも同じ話を語り続けることになるんでしょうね。

釈 そうですね、そうだと思います。しかも、妄想が入ります。たとえば、自分が女優だった話をずっとしている。もちろん、そんな事実はありません。これも「物語を共有したい」っていう思いがあるからなんでしょうか。

内田 女優って、言い換えると「その人が誰だかみんなが知っている人」のことですよね。自分のことを知っている人がいないという不安に駆られると、「みんなが知っている人」に幻想的に同化して、自分の存在を基礎づけようとする。人間て、そういうものなんですよ。自分についての物語を他者と共有できないと、自我って立ちゆかないんです。

釈　うん、そうですね。できればあの家で暮らしていくことで、新しい物語を共有していっていただきたいです。

内田　むつみ庵が、その場となるような物語、豊かな温かい手触りの物語があれば、ずいぶん暮らしやすいんじゃないですかね。

釈　それを目指したいと思います。

これからの聖地巡礼

釈　さて、これからも我々の聖地巡礼は続くわけですが、どこかご希望の場所はありますか。

内田　この後一一月に長崎にキリシタンの故地を訪ねることは決まっていますね。

釈　いままで仏教、神道に偏り過ぎていましたので、ここで日本のキリスト教について探ってみます。よくいわれることですが、日本ではクリスチャンが常に人口の一パーセントぐらいに収まってしまう。だから、よく研究者は「日本にはキリスト教が土着しなかった」というんですが、私はそうでもないと思っています。すごい時間がかかっているけれど、間違いなく土着している。

内田 だんだん、だんだんと。

釈 だって、我々のものの考え方や教育や医療、生命観や倫理観なども、かなりキリスト教的なものでしょう。

内田 そうですね、入ってますね。

釈 だから、時間がかかってはいるけれど、間違いなく日本にとけこんでいます。現在の日本文化や日本の宗教を語るときに、キリスト教は外せない。

内田 あと二、三〇〇年したらね、イスラムの影響も出てくると思います。

釈 それも間違いないです。

内田 だんだん増えてくると思いますよ、ムスリムは。イスラムの一神教的な信仰の形と独特の倫理、儀礼性とか宇宙観に共感する若い人がこれからだんだんと増えてゆくような気がします。時間はかかるでしょうが。

釈 そうですね。

内田 一〇〇年ぐらいの射程で考えないとわかりませんけれど。でも、日本ってやっぱり、そういう外来の宗教を基本的には受容するじゃないですか。

釈 そうですね、排除しません。ただ、自分に合わないものはカットしちゃうんですが。

内田 置いとくだけ。ちょっと置いといて、知らない顔をして。

釈　まず折り合い可能なところから徐々に取り入れることとなるでしょう。とにかくイスラム人口が増えていきます。なにしろ、物理的にイスラム圏は人口増加状態ですので。

内田　一五億人ですものね。

釈　増加した人口は世界に拡散・流入していきます。

内田　インドネシアとかマレーシアがイスラム圏ですからね。これからどんどんムスリムが入ってくるし、ムスリム社会で暮らす機会も増えるでしょうから、身近にムスリムがいる人たちの中から「この宗教、いいじゃないか」っていう人が必ずでてくると思いますよ。とりあえずは結婚を理由にした改宗でしょうけれど。

先日、中田考先生に聞いたら、日本人ムスリムでいちばん長い人で、ようやく四代目になるそうです。

釈　ほほぉ、なるほど。

内田　これが釈先生のところみたいに一九代とかになると、数も増えるでしょうし、横のネットワークもしっかりしてくるし、思想や文学の蓄積もできてくる。そうなると、日本人ムスリムたちが集団として発言しはじめたりして……。

釈　政治団体をつくる可能性だってあるでしょうし。

内田　ありますね。

イスラムの人とどのようにつきあうか

釈 TPP（環太平洋経済連携協定）が成立したら、インドネシアあたりからの労働者がどっと入ってくるでしょう。

内田 入ってくるでしょうね。そういう人たちが、日本に定住して日本人と結婚して子どもができてくると、日本人ムスリムがどんどん増えてくる。

釈 かつて、戦国時代にキリスト教がやって来た際は、生命観の領域で人々に大きな衝撃を与えました。それまで大きな影響力を持っていた仏教の生命観だと、虫も動物も人間もすべての生命は等質であるとなります。しかし、キリスト教が人間中心の生命観を持ち込みました。人間の魂と、他の生物の魂とは、別ものであるという生命観。これには、多くの人が共感したという記述が残っています。

新しい宗教体系がもたらす生命観や倫理観が与える影響は、とても興味深いものがあります。イスラム文化も、我々の文化をさらに豊かにしてくれるかもしれません。ただ、イスラムは土葬でないと駄目なので、そこがどうなるのか。なにしろ日本は火葬率世界一ですから。

内田 なるほどねえ。

釈 TPPを推進している人たちは、このことをどう考えているのでしょうか。イスラム圏の人たちが労働力として大量に流入してきたら、いちばん困るのはお墓でしょう。いまのところ、日本で土葬できるところはほとんどないんですよ。

内田 日本の法律は土葬って認めていないんですか？

釈 一部では土葬が行なわれています。しかし、九九パーセントが火葬です。いまのところ、山梨のお寺が墓地の一部を日本ムスリム協会に提供しているものの、そこももういっぱいになっている、そう聞いています。

内田 なるほど。

釈 このあたり、行政の対応や社会制度の整備を進めなければいけません。

内田 でも、行政はそんなこと考えてないと思いますよ。海外から移民を受け入れるとき、政治家や経済人が考えているのって金の話だけですから。労働力が足りない、安い人件費がほしいっていう、ただそれだけ。

でも、そういう人たちが固有の信仰や生活習慣や食文化を持って入ってきたときに、それによって我々の社会がどういうふうに変わっていくのか、どういうふうに新しい宗教集団を受け入れて、共生していくのかについて、もっと真剣に考えるべきなんです。でも、真剣に考えてきちんと対処した国って、どこにもないですね。フランスのアルジェリア移民も、ドイツのトルコ移民も。

釈 ひどいですよねえ。

内田 自分たちの都合で移民を入れておいて、いらなくなった「帰れ」ですからね。

●隠れキリシタン

内田 キリシタンに話を戻すと、すごくディープらしいですよ。長崎大学の友人によると、来るのなら、じっくりと一週間くらいかけて見ないとだめですよって。

釈 キリシタンっていうのは、日本の歴史上において、一時期大きく咲いた「花」みたいなものです。ヨーロッパのキリスト教とも異なるユニークな形体を持っている。しかも、それが五島列島などには、いまなお信仰や文化として残っている。

内田 まだ残っているそうですね。

釈 長崎に行ったあとは、山口県の津和野にも行きたいです。友人の牧師さんが教えてくれたんですが、イエスが十字架を背負ってゴルゴダの丘を上った道であるヴィア・ドロローサみたいな巡礼道があるそうなんです。ここは長崎のキリシタンの殉教者と深い関係があるところです。エルサレムのヴィア・ドロローサでは、毎日たくさんの人が十字架を背負って……。

内田 疑似体験するわけですね。

釈 十字架を担いで歩くんです。イエスはゴルゴダの丘に行くまでに何度か膝をついて倒れたといわれているんですが、その場所でもちゃんと……。

内田 膝をつくわけですね。

釈 そして、その場をさすりながら泣いている人もいます。ほんとうに聖地の力ですね。そして、津和野にも同じような聖性を持つ道があるそうなんです。

内田 津和野にですか。

釈 はい。どうしても行きたくって。

内田 もちろん、いいですよ。これは息の長い企画ですからね。

佐渡と能楽

内田 僕からのご提案は、「佐渡に行きたい」っていうことですね。浄土真宗の親鸞、世阿弥……。

釈 日蓮も流されています。

内田 みんな行っちゃうんですね、佐渡に。

釈 親鸞は佐渡に伝説としては残っていますが、史実としては確認されていません。日蓮は佐渡に流罪となっていますので、佐渡では日蓮宗が盛んだそうです。

内田 佐渡って島内に三十数カ所、能楽堂があるんですって。普通は能楽堂なんて、都道府県の中にもいくつもないのに。そして村ごとに座があって、能楽をたしなんでいる。

釈 その能楽者さんたちは、地元の方たちですか。

内田 もちろんです。その方たちが夜になると集まって、お稽古して謡い合い、仕舞いやお能をする。それが連綿と世阿弥の時代から続いている。
いずれにしても佐渡ってどういうところなのか、文字的な情報ではわからない。だから実際に行けば、「ああ、なるほど」と腑に落ちるんじゃないかと。そもそもなぜ佐渡が遠流の地で、多くの人がある種の改心を遂げたのか。そういう土地の力をこの身体を使って経験してみたいんです。

釈 そうですね。やっぱり行かねばなりませんね。

内田 あとは出羽三山ですね、羽黒山と月山と湯殿山。

釈 出羽三山は、先生が開始当初から提案されておられた場所です。

内田 湯殿山は釈先生も私もすでに行って、ふたりともご神体は何であるかは熟知しているのですが、ここでいうわけにはいきません。

釈 語ってはいけないというルールになっているんです。絵に描いても写真を撮っても駄目。そして最後は恐山ですかね。

内田 そうですね。

プロジェクト第一号？

釈 ただ、ちょっと関東地方が……。

内田 抜けていますね。関東の聖地って何でしょうかね。

釈　いくつか腹案はあるんですけど。でも、「関東もおさえておこう」などと言い出せば、「じゃあ、四国に行かなくていいのか」ということになってきます（笑）。四国は宗教性が高いエリアですから。海民系の文化も根強い。

内田　そうでしょうねえ。

釈　さっき話に出た西原理恵子さんの出身が高知なんです。うちの親戚にも高知の人が何人かいるんですが、西原さんとお話してすごく「高知の女性だ〜」と感じました。芯が強いというか、たくましいというか。強い気性で。

西原さんもおっしゃっていましたが、高知の女性は「土壇場で男は頼りにならない」と思っているそうです（笑）。そもそも女性が根本のところで男性を頼りにしていない。

内田　今度、結婚する教え子も高知出身でして。その教え子が今度、これまた釈先生の教え子と結婚することになったんですよね。

釈　我々のプロジェクト第一号。

内田　プロジェクトの成果といえるのでしょうか（笑）。でも、聖地巡礼が取り持った縁ですよね、京都で御数珠を貸したのが縁で交際がはじまった。

釈　いやぁ、なかなかありませんよ、そんなご縁。いいお話です。

内田　いいですよねえ。

「魂は明るい」

釈　そうそう、四国の愛媛出身の小説家で『夢千代日記』などを書かれた早坂暁さんは、お遍路道の傍に生まれ育ったんですが、三歳頃まで立つことができなかった。だから、お母さんが早坂さんを背負って四国八十八ヶ所を巡拝したそうです。そのとき、行く先々でみんながお接待をしてくれた。そのときのことを覚えているそうです。宿のおじいちゃんに背負われて階段を上がったことや、汗びっしょりの母親の背中で蝉の声が聞こえていたこと、知らないおばちゃんにおっぱいをもらったこと……。

むかしのお遍路は、みんな貧・病・争などの問題を抱えていて、とにかく暗いイメージだったそうです。だから早坂さんは、とにかくこの地を出たいと子どものときからずっと思っていた。でも、大人になって上京して東京で暮らすうちに、「かつてのお遍路さんたちは抱えている問題は暗かったけれども、魂はとても明るかった」と考え直したそうです。そしていまは、四国が日本の「脈」だと思っているらしくて。日本の病状は四国を見ればわかるとおっしゃっています。昔は貧・病・争で悩む人がお遍路道を歩いていましたが、そのうち「自分探し」の人が歩くようになり、引きこもりの人が続くようになった。いまではリストラの人が歩いて、熟年離婚の人のお遍路も増えている。

『奥の細道』とひきこもり

内田　なるほどね。安田登さんがやっている『奥の細道』のウォーキングでは、引きこもりの子たちを連れていくそうです。うまくしゃべれない子を連れて、黙々と奥の細道の芭蕉と曾良のルートを歩く。中には、もう道とはいえない道もあるけれど、それでもどんどん行く。ここを通ったはずだっていう、昔の道を訪ねて。

そうやって何日か、森の中で迷ったり、雨に打たれながら歩いていくと、引きこもりの子どもたちの顔つきがどんどん変わってくるそうです。しかも、『奥の細道』なので、五・七・五の俳句を必ず詠まなくちゃいけない。

釈　なるほど、自分でも句を詠みながら『奥の細道』をたどるのですね。

内田　はい。もちろん最初はみんな、うまくいかない。ところが何日か経つと、だんだん俳句を詠みだすようになる。そのうち突然ポエジーが爆発して、秀句を連発するようになる。表情もふるまいも周囲の人との関係もガラッと変わるそうです。

これも一種の「聖地巡礼」といっていいんでしょうね。安田さんは能楽師なんで、別に教育者じゃないんですけれど、引きこもりの子にそういう歌枕を歩いてもらって、歌を詠むということをしたら絶対にいい、と直感的に思ったそうなんです。

釈　ははぁ、そうなんですか。早坂さんも、引きこもりの人にお遍路がすごくいいとおっしやっています。引きこもりって、先生のさっきの言葉でいうと、インターフェースが不具合になっている。でもお遍路をすると、いまなお熱心なお接待の場所があって、リンゴや柿をくれたりとか……そんなお接待の洗礼を受けながら歩いていると、そのうちインターフェースが修復される。

イスラム教の歓待

内田 でも、日本って歓待の文化はあんまり根づいていないですよね。イスラムに比べたら……。

釈 イスラム圏の歓待に比べたら、それはもうかなり低調です。

内田 歓待の文化の裏には自然の苛酷さがあると思うんです。砂漠の中で、実際に食べ物も飲み物も着る物もなくて、よろけるように人家にたどり着くような生活が実際にあるわけですから、歓待の文化がないと生き延びてゆけない。

タクシーの運転手さんでも、水を飲んでいるのを後部座席からじっと見ていると、ふりかえって「飲む?」って訊いてくるそうです。パンを食べているところをじっと見ていると「食べる?」。

釈 ほんとうですよね。中東あたりのイスラム圏で道を尋ねると、すごく親切です。「よし、ついてこい。任せとけ」とかいうんですけど、その人、道知らなかったりするんですよ。

「わかりません」といえばいいのに（笑）。

内田 だから、喜捨や歓待の文化は、自然が苛烈で見知らぬもの同士でもとにかく助け合わないと生きていけないという、やっぱりある種の地理的な状況のうえに成り立っているんだと思います。

日本の能は日が暮れて、雪や雨が降ってきたりして困った旅の僧が地元の人に一夜の宿を請うところからはじまるものが多いんです。でも、すべて断られる。いろいろ理由はあるんですよ。家の中が汚いとか、主人がいないとか、あばら家だからだとかね。「そこを曲げてお願いします」って頼んでようやく「しょうがない」と家に入れてもらえる。

たとえば『鉢木』では、お坊さんが大雪のなか道に迷って一夜の宿を請うのに、断られる。大雪の中を追い返される。そのお坊さんが道に迷って凍死しかけた頃にようやく助けに行って、「じゃあ、家に泊まりなさい」という話になる。吹雪なんだから、最初から泊めてあげればいいじゃないですか。

おそらく日本の文化では見知らぬ人が家の門を叩いても、玄関の前で一回止めて、追い返して、それでもまだいるとようやく扉を開けるという「ワンクッション置く」のが、他者を歓待するときのルールなんじゃないでしょうか。

ヤクザの仁義で「お控えなすって」というのがあるじゃないですか。あれだって、どちらが先に挨拶をするかで、押し問答しますよね。「お控えなすって」っていわれて一度目で

「はい、控えます」とはなりませんよね。二・三度やりとりがあって、はじめて「再三のお言葉に従いまして控えます」ということになる。玄関先で、どちらが先に挨拶をするかだけのことでこれだけ手間をかけるというのは、日本独特の他者の迎え入れ儀礼を表しているんじゃないでしょうか。

釈 たしかに、ジリジリ距離を詰める手順、みたいなものを大事にしますね。

イスラムとラマダン

釈 かたや、イスラムの人はこちらがとまどうくらい、シュッと距離を詰めてくる人が多くて。二カ月ほど前、東京のモスクで、ラマダン中の集まりに参加しました。みなさん、日没まで絶食していますでしょ。日暮れになると、どんどんモスクに集まってくる。そして、お祈りの後、食事をします。もう、そのときなどは、初めて会った人なのに心理的な距離がとても近い。

内田 ラマダンの夜のごちそうはたしか、その町のホームレスの人たちとか誰でも来ていいものだから、みんなラマダンのときのほうが、色つやがいいといいますね。

釈 イスラムの国々では、ラマダンの月が一年でいちばん食の消費量が多いんです。

内田 ラマダンは全員が飢餓状態を経験して、それを身体で理解したうえで、改めてみんなで歓待し合うという儀式なんでしょう。いずれにしても、ムスリムであればだれが来ても正式な客としてもてなされる。いい習慣ですよね。

釈　それに比べると、日本は互いに距離をはかりながら、ジリジリと少しずつ距離を縮めていく。そしてその際の手順が重要となります。それをしくじると、距離は縮まらない。

内田　そう。一回断られたくらいであきらめてはダメで、「そこを曲げてひとつお願いします」って畳みかけないと話がはじまらない。儀礼に沿って手順を踏まないと歓待のドアが開かない。そこに日本の特殊性があるんでしょうね。

釈　我々の聖地巡礼でも、いずれは日本国内のモスクとかマスジドとかも巡りましょう。では先生、今日はこんなところでよろしいでしょうか。

内田　はい、ありがとうございました。

あとがき――内田樹

みなさん、こんにちは。内田樹です。『聖地巡礼 ライジング』をお買い上げありがとうございました。

「聖地巡礼」ツァーは熊野編の後も、「隠れキリシタン」の跡を訪ねる長崎の旅がありました。今年はこれから佐渡を訪れて、親鸞と世阿弥の足跡を辿ります。その後の旅程はまだ未定ですけれども、個人的には修験道の羽黒三山を経由して、恐山でとりあえず国内編は「あがり」という構想を抱いております。国東半島とか、天川とか、訪れたい聖地はまだたくさんあるんですけれど、それはまた第二次「聖地巡礼」というような企画があったときに検討することにします。

聖地巡礼の旅を重ねて改めて感じることは、日本の山河は聖地に満ちているということです。当たり前ですね。でも、もうひとつ感じるのは、それらの聖地は破壊されたり、穢されたりすることはあるけれど、「新しい聖地」がそれに付け加わることはほとんどないということです。現代人はもう新たな聖地を発見する力も、作り出す力も失っている。これはとても重い事実だと思います。

大阪上町台地縦走の旅からこの企画ははじまりましたけれど、そのときに釈先生と二人で繰り返し嘆いたのは、「大地の持つ豊かな霊力に祝聖された空間は、そこに生きる人たちの生きる力を賦活する」という自明のことを現代人は忘れてしまっているということです。現代人は自分がある場所に立ったときに「他の場所とは違う感じがする」ということ自体を感じなくなっている。彼らが土地について求めるのは地価であったり、最寄り駅からの距離であったり、日照であったり、騒音であったり、そういう「商品としての土地」の価値についての情報であって、その場所が発信する微かな「シグナル」には何の興味も示そうとしない。

僕が久しく「師匠」として崇敬してきた大瀧詠一さん(惜しくも先年亡くなりました)を福生のスタジオにお訪ねしたときに、大瀧さんがこんな話をしてくれました。

「スタジオに入って、まわりを見渡して、最初に『すごいですね。一体レコード何枚あるんですか?』と訊く人間とはそのあと口をきく気がしない」

たしかに大瀧さんのスタジオは膨大なレコードコレクション、蔵書、映像資料で埋め尽くされています。半世紀にわたる超人的な努力の成果ですから、それはすごいものです。でも、そのときにまず「レコードの枚数」を訊ねた人たちは、その答えを得たときに(例えば自分自身のレコードコレクションとの枚数を比較して)、大瀧さんの「スケール」を推し量ろうとしたのだと思います。それによって大瀧さんがしている理解を絶した事業の意味を「自分が理解できる範囲」に縮減しようとした。

それを大瀧さんは咎めたのだと思います。まず「声を失う」ということがいちばんまともな反応だったのではないか、僕はそう思います。

でも、現代人は聖地に立ったときに、まさに「レコードの枚数を尋ねる」ようなことをしている。もし神社仏閣や依り代や霊地を前にして「この建物は築何年ですか?」「毎年何万人くらい観光客が来ますか?」「固定資産税はいくらですか?」という質問がまず出てくるような人には聖地が発信している霊的な「シグナル」はまったく届いていないということです。仮に届いていたとしても、遮断している。そんなシグナルを聴き取っても、世俗の用事には何の関係もないからです。

前にも書いたことですけれど、都市開発で巨大なショッピングモールや集合住宅が次々と建てられていますけれど、そういう建物の中に寺社を勧請しようとするデベロッパーはまずいません。そもそも彼らは「勧請」という日本語の読み方も意味も知らないのでしょう。「かんじょう」というのは「神仏の分霊を別の所に移して祀ること」です。でも、現代でも例外があります。それは劇場の楽屋です。楽屋だけは、どんなハイパーモダンな建築家が設計しようと神社が勧請されています。楽屋入り口の横には神棚が祀ってある。それは劇場が発生的には「この世ならざるもの」が来臨する場だからであり、俳優が「この世ならざるもの」が憑依する依り代だからです。そのようなものは「存在しない」といくら建築家や館主が言い立てても、「勧請を止めたせいで、スタッフが奈落に落ちて死んだり、照明が落ちてきて俳優がけがをしたり、劇場が火事になって客に死人が出たら、あなたたちはどう責任を取るのか?」という俳優やスタッフたちの必死さには抗しきれない。

地鎮祭もそうです。なんであんな虚礼に出費しなければいけないのか、施主には意味がわからない。でも、地鎮祭をしないと工務店のスタッフは現場に入りません。地霊を鎮めて、事故が起きないように祈願するというのは人類史のほとんど最古の層に属する儀礼です。「興」という漢字がありますけれど、白川静先生によると、これは「儀礼の時、地に酒を注いで、地霊を呼び起こし、慰撫する」さまを描いた象形文字だそうです。古代中国にはじまった呪鎮儀礼がいまでも行なわれている。

劇場楽屋への稲荷の勧請にしても、地鎮祭にしても、太古的な起源を持つ儀礼はいまでもある種の霊的感受性（というのが気になる人は「直感」と言い換えてもらってもいいです）の発動が強く要請される職業ではいまも行なわれています。合理的な根拠をいくら羅列しても、これらの職業人がこの儀礼を止めることはありません。それが集団的に伝えられてきた経験知だからです。

僕の道場である凱風館では、正面に合気道開祖植芝盛平先生の肖像写真を置き、神棚には地元の元住吉神社の祭神を祀り、二代道主植芝吉祥丸先生の「合気」の文字と多田宏先生の「風雲自在」の文字を扁額にして南北の長押に掲げています。それは武道の道場もまた「この世ならざるもの」の来臨が要請される場所だからです。鈴木大拙が「大地の霊」と呼んだ自然の生命力、野性のエネルギーを受け容れ、それを整えられた身体によって制御する技術、それが武道です。僕はそういうふうに理解しています。だから、道場は霊的に浄化された場所でなければならない。そんなものには何の意味もないと思う人もいるでしょう。人間が動き回れる空間があれば、それで十分だと思っている人は、道場を使っていない時間にはカラオケ教室にでも、こども体操教室にでも貸し出したらどうかというようなことを考えつくのかもしれません。でも、「そういうこと」をすると道場の空気が変わってしまう。稽古できる状態に戻すために、それなりの儀礼をしないとはじまらない。

合気道の稽古をした後、道場の扉を閉めます。それから次の稽古まで二十四時間無人ということがあります。一日経って道場の扉を開くと、道場内の空気が粒立ち、つややかになっていて、ひんやりと肌にしみ入るのがわかる。二十四時間誰も立ち入っていないだけで、道場内に何の変化も起きるはずがないのに、はっきりと「空気が落ち着いてきている」ことがわかります。わかる人にはわかるし、わからない人にはわからない。でも、僕はその違いがわかる人になってほしくて道場を開き、門人を取っているわけです。

そういう霊的感受性の洗練ということを、現代日本ではまったく組織的に訓練しておりません。家庭でもしていないし、学校でもしていない、職業訓練としてもしていない。でも、この「微かなシグナルの変化を感知できる能力」はすべての社会的能力の基盤です。目に見えない、耳に聞こえない変化を「感じ取れる」力によって人間はさまざまなリスクを事前に回避し、デリケートなコミュニケーションを立ち上げることができるからです。「肝胆相照らす」も「以心伝心」も「阿吽の呼吸」も「啐啄の機」も、すべて他者との間に精度の高い意思疎通が成り立っている状を示した言葉です。いずれもいわば社会関係を円滑で快適なものにする技能です。その技能開発のためにどのような訓練プログラムが有効であるかについても膨大な経験知が現にある。にもかかわらず、霊的感受性を高める訓練はどこでも組織的には行なわれていない。そのような劣悪な霊的状況に現代日本人は置かれている。

釈先生と僕は非力ながら、そのような状況をなんとかしようとしてこのプロジェクトを細々と続けているわけなのであります。この本を読んだ方たちがみずから聖地に足を運んで、ご自身の身体を使って「この世ならざるもの」の切迫を感じ取ってくださることを重ねて祈念します。

最後になりましたが、この冒険的な企画を支えてくださった東京書籍の岡本知之さんはじめスタッフのみなさん、凱風館巡礼部の前田真里部長、青木真兵副部長ご両人はじめ巡礼部員の皆さんにお礼申し上げます。何よりも宗教の本質を探るこの愉快な旅の変わることのない同行者である釈徹宗先生のご友誼に重ねて感謝の気持ちを表したいと思います。

二〇一五年一月　内田樹

本書は二〇一三年三月二六～二七日の熊野への取材および同年九月に朝日カルチャーセンター中之島教室で行なわれた講座を再構成し、全面的に修正・加筆したものです。

【写真協力】

巻頭　熊野市観光交流課／熊野速玉大社

第一章　鈴木英雄／マタギの里観光開発／道成寺／長講堂／熊野本宮大社

第二章　新宮市観光協会／熊野速玉大社／熊野市観光交流課／熊野那智大社／青岸渡寺

第三章　朝日カルチャーセンター中之島教室／陸奥賢／堺市博物館／四天王寺／大阪府立中之島図書館／建勲神社／千本ゑんま堂／スペースＡＬＳ-Ｄ／六波羅蜜寺／橘寺／大神神社ほか

編集＝岡本知之（東京書籍）
録音・映像＝東井尊（東京書籍）
構成＝熊谷満
ブックデザイン＝長谷川理
表紙・本文イラスト＝浅妻健司
組版＝株式会社明昌堂

内田樹（うちだ・たつる）

1950年東京生まれ。思想家・武道家。神戸女学院大学名誉教授。専門はフランス現代思想、武道論、教育論など。現在、神戸市で武道と哲学のための学塾「凱風館」を主宰している。主な著書に『私家版・ユダヤ文化論』（文春新書・第6回小林秀雄賞受賞）『日本辺境論』（新潮新書・2010年新書大賞受賞）などがある。近著に『街場の文体論』（ミシマ社）『竹と樹のマンガ文化論』（竹宮惠子との共著、小学館新書）など。

釈徹宗（しゃく・てっしゅう）

1961年大阪府生まれ。浄土真宗本願寺派・如来寺住職。相愛大学教授。専門は比較宗教思想。特定非営利活動法人リライフ代表。私塾「練心庵」も主宰している。論文「不干斎ハビアン論」で第5回涙骨賞受賞。主な著書に『いきなりはじめる仏教生活』（新潮文庫）『ゼロからの宗教の授業』（小社）などがある。近著に『宗教は人を救えるのか』（角川SSC新書）『日本霊性論』（内田樹との共著、NHK出版新書）など。

聖《せい》地《ち》巡《じゅん》礼《れい》 ライジング
熊《くま》野《の》紀《き》行《こう》

2015年3月13日　第1刷発行

著　者　内《うち》田《だ》樹《たつる》、釈《しゃく》徹《てっ》宗《しゅう》
発行者　川畑慈範
発行所　東京書籍株式会社
東京都北区堀船2-17-1　〒114-8524
電話 03-5390-7531（営業）
03-5390-7515（編集）

印刷・製本 図書印刷株式会社

ISBN 978-4-487-80639-3 C0095
東京書籍ホームページ　http://www.tokyo-shoseki.co.jp/
乱丁・落丁の際はお取り替えさせていただきます。

定価はカバーに表示してあります。